日语语用学

现象与分析

日本語で語用論を学ぶ

刘小珊 著

商务印书馆
The Commercial Press

图书在版编目(CIP)数据

日语语用学：现象与分析 / 刘小珊著. — 北京：商务印书馆，2022

ISBN 978 - 7 - 100 - 20534 - 4

Ⅰ. ①日…　Ⅱ. ①刘…　Ⅲ. ①日语—语用学—研究
Ⅳ. ① H363

中国版本图书馆 CIP 数据核字（2021）第 254895 号

日语语用学：现象与分析

刘小珊　著

商　务　印　书　馆　出　版
（北京王府井大街 36 号　邮政编码 100710）
商　务　印　书　馆　发　行
北　京　冠　中　印　刷　厂　印　刷
ISBN 978 - 7 - 100 - 20534 - 4

2022 年 3 月第 1 版　　开本 850×1168　1/32
2022 年 3 月北京第 1 次印刷　　印张 8⅝

定价：66.00 元

本书得到广东外语外贸大学南国
商学院的出版资助。

前　言

目前国内担任日语专业高年级课和研究生课的教师普遍缺乏适合教学的语用学理论指导性资料，现有材料大都是采用中文或英文撰写的专著，存在理论讲述晦涩难懂、逻辑结构复杂、缺乏配套思考问题和实例分析等现实问题，难以满足用中日文结合阐述语用学理论的需要。故此，建立一套较为完整的语用学理论教学体系，包括为师生提供中文详说文、日文对应补充阐述、相关课题的思考问题、相关理论词汇的总结等，就显得十分必要。

本书在拙译《日语语用学》（原著是日本语用学家小泉保的『言外の語用論』）的基础上，同时参考了国内外出版的多部语用学理论研究的相关论著，根据语用学理论几大核心概念构建起书稿的基本框架。目的在于帮助日语教师和学习者在了解日语语用学理论主要课题的基础上，通过授课教师的中日文结合讲解和指导，逐步了解日语语用学理论的外部构建和内部涵盖，从中学习并理解这一看似高深莫测的理论，学会筛选理论联系实际的中日文例句，学会选择题材新颖的素材，学会采用标准规范的日语表达来阐述和分析语用学理论，学会随时发现生活中存在的各种语用学实例以及语言误用的问题，学会用语用学理论准确分析实际问题的方法论。

从 2010 年开始，本书底稿一直以教师讲义的形式为本科生、研究生的文化语用学理论课所用。各章的结构合理，内容丰富、表述口语化，囊括最新的语用学理论的指导性论述、各个核心概念的特点描述、详细的日文讲义和中文对应文本、思考问题和专业词汇等内容。在给语用学理论教学提供丰富资料的同时，亦可提供给学习者课后阅读，多年来受到各方面使用者的好评。

在试用书稿的基础上，我们于2018年开始组建科研团队，在原有文稿的内容上不断增补和修订、完善整体架构，加入日本最新、形式多样化的影视剧人物对话台本，以及语用学层面的分析，使此书更加趋于完善。本书的编写原则如下：

（一）文本结构力求层次分明、相辅相成

主体框架有十章。第一章：绪论——主要是针对文化语用学这一新的语言研究分支，根据逻辑语义学理论和文化语用学理论来说明其在跨文化交际中存在着的语言使用原则、实施策略、语用失误等问题，在此基础上展开对语用学的几个核心课题的概括性介绍；第二章：语用指示——指出话语和语境之间的关系正是通过指示语得以在语言结构上反映出来，进而提出指称信息（人称、空间、时间、社会）的特征和实例；第三章：语用预设——指出预设也是一种语用推论，它以实际的语言结构意义为根据，靠逻辑概念、语义、语境等推断出话语的先决条件，总结了预设的概念、多样性、特征等四个方面；第四章：会话含意——阐述会话含意作为语用学的核心内容在言语交际中起着非常重要的作用，因为会话含意对语言的理解和表达有实践指导意义；第五章：关联理论——从起源、原则、演绎法、推理和语境等五个方面来论述关联理论是以关联性概念与关联原则为基础分析言语交际中的话语理论；第六章：言语行为——指出所谓言语行为即“言语者行为也”，人的一切思想和行动都通过字面表露出来，因此关于语言的本质，要区别语言、词句，就要区别语句的本身和使用；第七章：谈话分析——阐述了谈话是一种双向交流的言语行为活动，作为文化的统一体，谈话体现了语言与文化之间的关系；第八章：礼貌原则——介绍东西方思维方式的差异主要体现在辩证思维与逻辑思维上。与中国人的辩证思维不同，西方人在考虑问题的时候不是追求折中与和谐，而是喜欢从一个整体中把事物分离出来，对事物的本质特性进行逻辑分析；第九章：语用修辞——指出比喻是文学的最高技术，其起源和语言的产生是同一时期。从语用学的立场看，“修辞”主要是指作为比喻手段的直喻、隐喻、换喻、提喻、夸张法、缓叙法，以及同语反复和讽刺等；第十章：认知语用学概述——阐述了认知语言学作为语言学的一门分支学科的诞生过程，介绍了语言的创建、学习及运用等都必须能够透过人类的认知而加以解释，因为认知能力是人类知识的根本。

（二）编写原则力求科学合理、讲练结合

1. 突出理论指导、侧重实践。仅仅围绕语用学理论进行授课显得枯燥无趣，提不起学生学习语言理论的兴致。为此，本书在各论述章节后面安排有可作为课堂练习的相关思考问题、对白分析等材料，帮助学生们学有所用。

2. 突出章节特色、合理实用。十个章节既互相配合又各自独立。对语用学理论教学过程中经常遇到的一些深奥难懂的问题、练习匮乏、文本资料无从入手、结合语用理论进行文本分析难以展开等问题，做出了简明扼要的中日文理论说明和具体实例的分析，从而帮助指导教师更高效地上好这门课程。

3. 突出专项练习、形式多样。本书从实用的角度出发，根据各研究课题安排了“思考问题”“实例分析”“语用词汇”等环节，内容涉及广泛，完全可以作为日语专业高年级学生和研究生的课后辅助学习资料，也可以满足其他日语学习者语用学理论学习之需，后续各种练习资料均为编者多年从事日语语用学理论教学的积累，相信对使用者会有所帮助。

（三）文本选择力求题材广泛、表述生动

本书每个章节涵盖有四大部分，包括：语用课题的相关概念、实例分析、思考问题、语用词汇。“相关概念”全部采用通俗易懂的日文和中文穿插进行的表述，教师可采用学生发表和教师总结重点难点相结合的方式，实现语用学理论教学开展翻转课堂的可能性。“实例分析”中的每个课题都配备影视剧片段的台词段落，用语用学理论来分析和说明剧中人物对话的语境、话语含意、言外之意、具体指代等语用意义。涉及日本文化、日本社会、文学教育、动画、刑侦等诸多体裁。“思考问题”则围绕本章节学习的语用学理论，有针对性

地提出关于某一概念的解释，启发对某一原则的思考，展开对相关概念的内涵及外延的认知等。“语用词汇”选择每个课题中的核心关键词汇，为师生展示一个语用学专门词语的世界，为今后的教学和研究奠定语言的基础。“相关概念”的日文讲解、“思考问题”和“语用词汇”均以二维码下载形式呈现。

在本书编写过程中，陈曦子博士协助日文部分的撰写、语言词汇的编辑，陈姗姗博士协助了台词整理及文本分析。在此表示诚挚的感谢。本书内容经过多次修改，不妥之处仍在所难免，敬请广大读者批评指正。

刘小珊

2021年10月于广州白云山麓

目　录

第一章　绪论

一、相关概念

（一）什么是文化

据考证,“文化”是中国语言系统中古已有之的词汇。“文”的本义，指各色交错的纹理。文化作为人类社会的现实存在，具有与人类本身同样古老的历史。长期以来，“文化”这一概念的内涵和外延在使用时有很大差异。故文化有广义与狭义之分。

广义的“文化”，着眼于人类与一般动物、人类社会与自然界的本质区别，着眼于人类卓立于自然的独特的生存方式，其涵盖面非常广泛，所以又称作“大文化”。

梁启超在《什么是文化》中称:“文化者，人类心能所开释出来之有价值的共业也。”这“共业”包含众多领域，诸如:

认识的（语言、哲学、科学、教育）;

规范的（道德、法律、信仰）;

艺术的（文学、美术、音乐、舞蹈、戏剧）;

器用的（生产工具、日用器皿以及制造它们的技术）;

社会的（制度、组织、风俗习惯）；等等。

也就是说，广义上的“文化”从人之所以为人的意义上立论，认为正是文化的出现“将动物的人变为创造的人、组织的人、思想的人、说话的人以及计划的人”，因而将人类社会、历史生活的全部内容统统摄入“文化”的定义域。与广义“文化”相对的，是狭义的“文化”。

狭义的“文化”是排除人类社会、历史生活中关于物质创造活动及其结果的部分，专注于精神创造活动及其结果，所以又被称作“小文化”。

1871 年英国文化学家泰勒（Tylor）在《原始文化》一书中提出，文化“乃是包括知识、信仰、艺术、道德、法律、习俗及任何人作为一名社会成员而获得的能力和习惯在内的复杂整体”，是狭义“文化”早期的经典界说。

小结：笼统地说，文化是一种社会现象，是人们长期创造形成的产物。同时又是一种历史现象，是社会历史的积淀物。确切地说，文化是指一个国家或民族的历史、地理、风土人情、传统习俗、生活方式、文学艺术、行为规范、思维方式、价值观念等。根据文化的结构和范畴把文化分为广义和狭义两种概念。

广义的文化——即大写的文化（Culture with a big C）。

狭义的文化——即小写的文化（culture with a small c）。

归纳性地说，广义的文化指的是人类在社会历史发展过程中所创造的物质和精神财富的总和。它包括物质文化、制度文化和心理文化三个方面。

物质文化——是指人类创造的种种物质文明，包括交通工具、服饰、日常用品等，是一种可见的显性文化。

制度文化和心理文化——分别指生活制度、家庭制度、社会制度以及思维方式、宗教信仰、审美情趣，它们属于不可见的隐性文化。包括文学、哲学、政治等方面的内容。

而狭义的文化是指人们普遍的社会习惯，如衣食住行、风俗习惯、生活方式、行为规范等。

（二）文化语用学

1. 基本概念

文化语用学（cultural pragmatics）是从跨文化语用学中派生出来的一个新的分支，其核心概念是文化行为。根据逻辑语义学理论和文化语用学理论对在跨文化交际中存在着的语言使用原则、实施策略、语用失误问题等进行研究，进而从社会文化、认知语用学、模糊语言理论的角度讨论中外语言社会中的使用语言的理据。该课题引起了许多语言学家和学者的兴趣，并从文化学、语用学、语义学、修辞学、认知科学等角度对其进行了研究。

2. 跨文化交际

跨文化交际是一门年轻的学科，它是在国际交往日益频繁、全球经济一体化的特定时代产生的新兴学科。它又是一门综合性学科，是当代社会科学学科综合研究的结果，学科背景主要涉及文化语言学、社会语言学、言语交际学。

跨文化交际的界定是：在特定的交际情景中，具有不同文化背景的交际者使用同一种语言（母语或目的语）进行的口语交际。它包含以下四个要点：

（1）交际双方来自不同的文化背景。

文化背景的差异主要指不同文化圈之间的差异，从跨文化交际的实际情形来看，由于文化背景的差异导致交际失误，容易引起冲突的主要是中国和欧美国家的人际交往。中国同亚洲其他国家地区的人际交往，因为同属东方文化圈，彼此之间在文化取向和交际规范方面有很多相通的地方。

（2）交际双方使用同一种语言交际。

假如一方使用一种语言，而另一方使用另外一种不同的语言，交际是无法进行的。比如一个中国人与一个美国人交谈，他们可以选择使用汉语，也可以选择使用英语，这样他们就可以用同一种语言直接交际，而不需要通过翻译这个中间环节。

（3）交际双方进行实时的口语交际。

跨文化交际的途径多种多样。可以是语言符号的交际，也可以是非语言符号的交际，如商品、画报、实物、影像、演出及其他物化形式符号的交际；可以是现场的双向交际，也可以是通过媒介的单向交际，如电视、广播、报刊、广告等传播方式的交际；可以是口语交际，也可以是书面交际，如信函、公文等的来往。

（4）交际双方进行直接的言语交际。

所谓交际，是用语言进行表达的一种行为，然而在语言表达过程中存在许多沟通不畅的问题。因为前者更注重说话人语言表达能力的好与不好，并不关心语言沟通中听话人是否理解了说话人的真正意图。从某种意义上说，后者属于语用学范畴，倾向于“跨文化沟通”。

文化语言学凸显“文化”的侧面，社会语言学凸显“社会”的侧面，而言语交际学凸显“交际”的侧面，这三个不同的侧面都围绕语言符号与非语言符号的“语用”这个核心。

（三）语用学课题简述

1. 言外之意

人的脸有圆的、长的、方的、尖的、椭圆的、鸭蛋形的，各种各样，形形色色。就像人的脸型一样，每个人内心的想法也各有不一。即使是同样的言语表达，理解领会的方式也不尽相同。

日常生活中，同样的语言表达却被用于不同意思的事例有很多。仔细考虑下面的例句，在（　）填入什么词语比较合适呢？

例文 1.

これは、どうも
- （ありがとうございます。）——感谢
- （すみませんでした。）——道歉
- （困りましたね。）——困惑
- （変だぞ。）——疑惑

解析：严格地讲，言语行为的意味，都会因为当时说话的语境发生变化。同一种言语表达，如果说话的人不同，场合、时间有异的话，语言的环境也会千变万化。所以说，言语行为在说话的情境中，第一次带上了现实的意味。

再来看一个例句。

例文 2.

子：お母さん、野球しに行ってもいい？

妈妈，我可以去打棒球吗？

母：学校の宿題があるでしょう。

还有学校的作业吧？

解析：乍一看，二者的会话没有逻辑关系，但是作为一个话轮却显得十分自然。

小结：总之，从一个语言表达中，可以获取各种各样的信息，从一个句子中可以推理出各种各样的意思，即言外之意。它与发话的环境有着紧密的关系，所以，我们有必要把意义和语境结合起来，做进一步的考察。

2. 关于语用学

（1）来源：语用学这一术语的出现，可以追溯到20世纪30年代末，美国哲学家莫里斯（Morris）在他的著作《符号理论基础》（1937）中首先使用了“语用学”这个术语。莫里斯认为符号学由符号关系学（句法学）、语义学和语用学三个分支组成。

句法学——研究“符号之间的形式关系”。

语义学——研究“符号与符号所指对象的关系”。

语用学——研究“符号与符号解释者的关系”。

莫里斯的观点得到了一部分哲学家和语言学家的认可，尤其是得到另一位哲学家和逻辑学家卡纳普（Carnap）的支持。卡纳普认为，“如果一项研究明确地涉及语言使用者，我们就把它归入语用学的领域”。在两位学者的基础上，巴尔·希勒尔（Bar-Hillel）1954 年提出把“指示语”作为语用学的研究对象，因为指示语的确切意义只有在具体语境中才能弄清楚。他比较了以下三个句子。

例文 3. 冰浮于水。

例文 4. 下着雨。

例文 5. 我肚子饿。

质疑：例文 3 的状态发生的地点是哪里？是局部？全球？

例文 4 是现在下雨？或是其他什么时候发生的？

例文 5 的“我”是谁？“肚子饿”的程度标准是什么？

（2）历史：语用学源于哲学和逻辑学，语用学所涉及的内容早在古希腊、古罗马时期就受到了学者们的注意。在那个时候的学术著作中，语用学的有关课题曾在雄辩术的名义下得到论述。到 20 世纪 70 年代以后，1977 年荷兰正式出版发行《语用学杂志》，自此，语用学才正式作为语言学的一门新兴的学科。

（3）界定：直到今天，人们对什么是语用学、如何研究语用学等基本问题，都没有取得统一的意见。只是有一点比较一致：语用学是一门新兴学科，而且是语言学领域中的一门新兴学科；它是处理语义学、句法学上无法解决的问题的杂物箱。

例文 6. 外语学院很郊区。

例文 7. 张艺谋很农民。

解析：从句法上、逻辑上来看，两个例句都有问题，而用语用学就能简单地将他们的色彩表现出来。即，前者表示其位置“很偏僻”，后者表示“很朴实”，是对张艺谋导演纯朴性格及其长相的一种赞扬，或者是蔑视。

例文 8. 我炒了老板。

解析：语法上没有错误，逻辑上不对，“炒”的只能是“菜”“豆子”“饭”“蛋”等食物，不能是“人物”。语用学的解释则是“我与公司 Bye bye! 了”“我主动放弃了工作”等意思。

3. 指示语

指示语（deixis）是语用学的一个重要内容。话语和语境之间的关系正是通过指示语而得以在语言结构上反映出来。“deixis”一词来自希腊语，意为指点或标示。话语中的典型指示信息是一些指称信息，包括空间、时间、移动等概念，也指话语进程、会话双方相互识别及相互关系。这些指示信息依靠一系列与语境有直接联系的词语，通过它们的语法特征和意义表达出来。

话语中的指示信息是理解和表达意思的关键。指示信息不清楚的话语往往很费解，甚至会导致误会。比如，有时候，我们经过医科大学的教室，会听到教授在说：“这里是大脑、这里是双肺、这里是心脏、这里是大肠、而这里是小肠……”，作为听者往往不知所云，怎么主语都是“这里”呢？可当你走进教室，跟随着教授的教鞭在人体模型上所指的部位，“这里”的指示位置在发生着变化，分别指代“脑部”“肺部”“心脏”“大肠”“小肠”等不同的内容。

指示语中另一个有意义的内容是“语言宇宙中的原点”的

探寻，我们先要弄清楚人称体系、空间体系、时间体系的中心分别是什么，就能对其前后左右相关指示词语的使用做出正确选择。语用指示的具体研究对象涉及“我、你、他、今天、现在、这里”等表示人称、地点、时间、空间、趋向等的词汇。

4. 预设

如果有必要给素不相识的山田先生家里打电话，或许电话那一端会出现以下回答：

例文 9.

男：もしもし、山田さんのお宅ですか。山田さんは、ご在宅でしょうか。

喂，是山田家吗？山田先生在家吗？

女：主人は、ただいま犬を連れて、散歩に出ています。

我老公现在带着狗去散步了。

解析：我们根据这个回答，可以推测下面几个信息。

①山田先生已经结婚了。（因为接电话的是他的太太）

②山田先生养了狗。（因为他遛狗去了）

③山田先生现在不在家。（因为他和狗出门散步去了）

这些含意都是从刚才提供的话语中提炼出来的，不是从富含暗示性的话语同话语进行时的状况的对应关系中推测出来的。如果说暗示是言外之意的话，那么上述以给定的话语内容为素材的含意就是言内之意了，但又同话语本身的内容不同。此处就有必要对言内之意进行细细的划分了。

例文 10.

南北戦争の後、アメリカでは、黒人奴隷が解放された。

南北战争之后，美国的黑人奴隶获得了解放。

解析：从例文 10 中，我们可以了解到以下两个历史事实。

①在美国，发生过一场“南北战争”。

②以前，美国存在黑人奴隶现象。

这样一来，我们能够从被给予的句子中汲取某个含意，即预设。

德国哲学家和数学家弗雷格（Frege）1892 年曾说过：“在做任何主张时，通常都有一定的明确预设。即用于该主张中的单一或复合的固有名词构成一定的指示。”

5. 语用含意

例文 11.

夫：いま何時かな？

　　现在几点了？

妻：そうね、いま先、新聞配達が来たわよ。

　　嗯，刚才送报纸的来了。

言外之意：妻子：（准确的时间我不清楚，但是）刚才送报纸的来了。（所以，可以推算出大致的时间。）

例文 12.

女は女です。

女人是女人。

解析：从好的方面来推意，女人是：细心的、爱美的、心灵手巧、富有同情心、善于交际。从坏的方面来推意，女人是：心胸狭窄、争风吃醋、爱逛街购物、比较柔弱、善变的。

例文 13.

やはり子供は子供だ。

孩子就是孩子。

解析：“やはり子供は子供だ”这类语句的表达，从逻辑上来说，谓语表达出来的内容毫无意义。也就是说，不能给予听话人任何新的信息。但是，根据语用学的推论，可以带来各种各样的意思。

6. 言语行为

言语行为理论是语用学研究的一个重要的理论，它旨在回答语言是怎样用之于“行”，而不是用之于“指”这样一个问题，体现了“言”则“行”这样的语言观。以下几种句式可以表现出“言之必行”的意义所在。

陈述句：我爱你。（对方有做出“明示”回应的义务——“是吗？”“没有弄错吧？”）

今天星期六。（妻子希望丈夫陪她上街、做家务、带孩子游玩）

疑问句：你爱我吗？（要求对方做出应答——“怎么说呢？”“我喜欢你”）

命令句：去把房间扫一扫！（对方即使不愿意，也得遵旨行动）

言语行为理论在 20 世纪 50 年代末由哲学家首先提出，在此后的二三十年间，在语言学界产生了很大的影响。对这一理论本身的合理性、理论意义和实际应用价值，语言学家做了大量的研究，在语言学界一度出现了“言”必称“行为”的局面，语言学的研究得到了深入和拓展，语言学文献大为丰富。这一理论无疑为我们对语言本质的理解和解释提供了新的视角。

当然，这个理论的出现也曾经引起过很多争论，如今，相关争议已渐渐平息，言语行为理论在语言研究中的地位已经确立，这一理论已深入人心，在各种语言研究中“行为”这一概念常被用作研究的基点。了解这一理论的源起和基本内容对语用研究具有重要意义。

塞尔（Searle）的间接言语行为

只要对人们日常使用的语言稍加观察便可以发现，语言具有间接性，也就是说人们常常不是坦直地去说自己想说的话，而是通过某种方式间接地表达自己。这种语言使用中的“拐弯抹角”的现象就是语言的间接性。间接地使用语言是人类语言交际的一个普遍现象，在任何语言中我们都可以很容易地找到这方面的例子。

例文 14.

这儿很热啊。〈陈述句→请求句〉

例文 15.

这里有 XO 吗？〈疑问句→请求句〉

解析：字面意义和话语意义之间存在差别，解释间接语言的切入点在于听话人要善于推断说话人的话语意义，这也是语用学研究的课题。即塞尔提出的：实施一种言语行为来间接实施某一种言语行为。

7. 面子和礼貌

消极面子（negative face）——是指不希望别人强加于自己，自己的行为不受别人的干涉、阻碍。

积极面子（positive face）——是指希望得到别人的赞同、肯定、喜爱。

生活中经常会遇到这样盛情的邀请，或者公司召开的某个会议上进行的讨论。

例文 16. 你今晚一定要来吃饭哟！

例文 17. 你的意见有一定的道理，但有成本上的问题。

解析：例文 16 实际上是在损害被邀请人的消极面子，因为你怎么知道别人一定愿意吃你这顿饭呢？而例文 17 中的提案者本希望自己的提案能够得到他人的认可，却被参会者指出成本方面的问题，这明显损害了提案者的积极面子。

另外，学生在校园生活中或许有过这样的经历：一天，某个女同学在你面前晃过来晃过去，她要做什么呢？有一种可能性：她今天穿了一套新衣服在显摆呢，想得到别人的赞美。不同的人会表现出不同的反应：

例文 18.

A：今年的潮流不是这个颜色哟！

B：我看样式还可以，花了 100 多元吧？

C：哟，很漂亮！（很贵吧？）（在哪里买的？我也去看看！）

解析：从以上的三个评价来分析，A 是直接否定了女同学的服装，不客气地打击了对方的消极面子；B 虽然肯定了衣服的样式，却降低了衣服的价格，因为衣服原来的价格是 600

多元，故仍可视为是一种损害消极面子的行为；而C的评价让人听起来很舒服，为什么呢？因为C维护了别人积极的面子，对衣服给予了充分的肯定和赞美。

8. 笑话的语用分析

笑话的研究历史十分悠久，对其引起发笑的原因的考察，从柏拉图和亚里士多德开始。

亚里士多德的见解体现在《诗论》中：喜剧是丑陋的，滑稽的，也是一种失态表现，但是，它并不给人带来痛苦，或者危害，只能让人感觉好笑。

突然看到美女而笑出声来的正常人大概没有吧？除非是花痴！日本有代表性的“能剧”看过吗？其中的“小面”表现的是“端庄的美女”，带有一种威严。看到米罗的维纳斯，没有人会因为她没有胳膊感觉滑稽好笑吧？人们往往被维纳斯崇高的气质所折服！

笑话的例句很多，参加语用学课程的学生都喜欢与笑话相关的语用研究。

例文19.

〈胸〉男の人は熱心に求愛して、女の人に。

男人对女人热心地告白。

男：ぼくは、あなたにこの胸の内を見せたい。

我想让你看看我的胸怀。

女：まあ、素敵なワイシャツですこと。

哇，的确是很漂亮的白衬衣。

解析：男人想让女人看到自己对她充满爱慕的内心，在实施一种热烈的表白。但是，女人似乎不想接受男人的感情，又不想伤害对方，所以，采用一种委婉的转移话题的方式，拒绝了男人的示爱。弗洛伊德称这种思考方式为语用学上的“转移”。

9. 语用修辞

（1）明喻和暗喻

二者可以用有否带有“好像”“仿佛”一类标识来区别。

我们来看看以理查德一世为主体的比喻类的具体例句。

例文 20.

リチャードは獅子のように勇敢である。〈直喩〉

理查德像狮子一样勇敢。〈明喻〉

リチャードは獅子のようだ。〈直喩〉～〈隠喩〉

理查德像狮子一样。〈明喻〉～〈暗喻〉

リチャードは獅子だ。〈隠喩〉

理查德是狮子。〈暗喻〉

例文 21.

思い知らせてやろう、君の白鳥がただの鳥であることを。

你要知道，你的白天鹅只是一只鸟。

解析：例文 21 中，可以将暗喻“天鹅”换成明喻的形式“像天鹅一样品格高尚、美丽的女孩子”，而“鸟”的比喻说法，可以解释为“像鸟一样品格低下、丑陋的女孩子”，展现出下面的变化过程，由明喻逐渐转变为暗喻。

像鸟一样品格低下的罗瑟琳 （明喻）

↓

像鸟一样的罗瑟琳 （明喻）

↓

鸟 （暗喻）

（2）讥讽

例文 22.

A：日本の土地が狭ければ、富士山を削って琵琶湖を埋め立てばいい。

假如日本国土狭窄的话，削平富士山来填平琵琶湖不就行了。

B：君は、本当に天才だよ。

你可真是个天才呀！

解析：提到天才，人们依据认知想到的是“超凡的人”“优秀的人”“聪明睿智的人”“大思想家”等。而这里的“天才”却似乎等同于“傻瓜”的意思，整个句子表达的是：“你真是个傻瓜！这种怪念头都会有！你不知道富士山、琵琶湖是日本的象征吗?!”将该话补充完整，即：

你可真是个天才（所以才会有这种荒诞的想法）。

这样的理由句，在常识上是不可能成立的。于是，将“你是个天才”置换成意思相反的“你是个傻瓜”的话，就变成下面的理由句：

你可真是个傻瓜（所以才会有这种荒诞的想法）。

若变成这样的句子，逻辑上会让人接受和理解。于是，通过这种逆转表现出的语句的意思，能抓住说话人的真实意图。所谓讽刺的手法，都是违背这种会话质量原则的说话。

10. 语用失误

能指出下面几个例句有什么毛病吗？

例文 23. 广州是我家，卫生靠大家。

例文 24. 请勿吐痰。

例文 25. 为了您和他人的健康，请到吸烟区吸烟。

解析：例文 23 中的“大家”包括号召人自己了吗？例文 24 的句子不完整，吐痰这种生理行为是不应该被无理禁止的，若添加“随地”二字，就符合常识了。例文 25 在逻辑上是不合适的，如果是为了健康，就不应该吸烟，所以例句中去掉“您和”两个字比较合适。

（1）句法上的不妥

A. 杨忠汉很苏州，他比谁都苏州。

B. 放下昨天的辉煌，迎接明天的精彩！

（2）语言的变异

英语中的“OK”在中国似乎被泛滥地使用，该词汇本身并无“夸奖”的意思，但是，我们看看市场上出现的各种广告：

黄金店：本店的黄金确实是 OK！

熊猫基地：我国繁殖大熊猫，OK 了 24 胎！

某商人：我的生意 OK 了！

酒楼 OK！住房 OK！

11. 相关课题

在外语教学中，遇到比较多且实用的还有翻译的语用观、文化的影响所造成的语用差异。

（1）翻译的语用观

包括怎样处理作者叙述语言中的隐含意图；如何处理三个对话意图的干涉；如何把握翻译的创造三个方面。

（2）文化的亏损

主要体现在笔头和口头的翻译方面。因为文化共核对翻译的显示调节作用，文化含量重的发源语在向不可译靠近。具体表现在如下方面：

第一，文化的差异

例文 26. 林姑娘—— Miss Lin

例文 27. 曾经拥有——ありました

第二，三重解释学的偏离（阅读——翻译——阅读）

第三，换码的亏损现象

- 客观世界进入语言世界后被打了折扣。
- 语言符号有限，不能与极为丰富多彩的世界逐一对应，所以会出现“词不达意”“千言万语说不尽”“难以用语言表达”等表达，说明语言符号不如现实世界丰富。
- 语言总是落后于现实，客观世界出现很多新生事物，语言中与之相对应的表达却不能及时跟上。
- 人类情感世界进入语言世界时，受到更多的亏损。

二、实例分析

素材简介：选自日本 TBS 电视台 2016 年播出的『ダメな

私に恋してください』(《请与废柴的我谈恋爱》)，该剧改编自中原亚矢的同名漫画，讲述了无男友、无工作、无存款的三无“废柴女”柴田美知子在前“毒舌”上司黑泽步的帮助下改变自己并寻找真爱的故事。

（一）面子威胁行为（1）

柴田：すいません。

对不起。

黒沢：俺はB3用紙で揃えろっつったんだよ。何だよこれ。

我说的是用B3大小的纸，这是什么？

柴田：すいません。

对不起。

黒沢：こんなミスしねえだろう。普通。

通常不会有人犯这样的错误吧。

柴田：違うかなとは思ったんですけど。考えすぎちゃって。

我也想过是不是搞错了，是我想多了。

黒沢：分かんなきゃ聞くだろ。普通。

不懂就要问问呀，通常不都是这样？

柴田：怖くて。

好恐怖。

黒沢：ああ？

你说什么？

柴田：すいません。

对不起。

黑沢：できないの？やる気ないの？どっち？

是不会吗？还是不想做？哪一种？

柴田：やる気はあります。

想做。

黑沢：じゃ、お前バカってことだな。

那你就是脑子不好使。

文本分析：面子论（Face Theory）由布朗（Brown）和列文森（Levinson）在戈夫曼（Goffman）面子概念的基础上进行修正和拓展，并于1978年提出。根据布朗和列文森的解释，面子是每一个社会成员意欲为自己挣得的那种公众中的“个人形象”，包括积极面子和消极面子两类，但人们言谈中的有些言语行为在本质上是威胁面子的，这些言语行为称为“面子威胁行为”（Face Threatening Acts，简称FTA）。其中威胁听话人积极面子的行为是指说话人对听话人表示不赞同、批评、蔑视、取笑、抱怨、指责、非难、侮辱，或认为听话人的观点有错误或不合情理等。这段对白中，柴田因为工作出错受到了上司黑泽的训斥，黑泽的台词“通常不会有人犯这种错误吧”“不懂就要问啊，通常不都这样”“那你就是脑子不好使”，这些都属于威胁听话人的积极面子。而柴田面对上司的指责，连连说“对不起”承认自己有错的行为，属于威胁说话人积极面子的行为。

（二）面子威胁行为（2）

生島：こんなとこで何してんのって聞いてんの。答えてよ。

我问你在这种地方干啥呢，回答我。

黒沢：大声出すなよ。みんな驚くだろ。

别这么大声嘛，大家都听到了。

生島：だったらちゃんと答えてよ。何してんの？何で電話出ないの？

那就好好回答我，你在做什么？为什么不接电话？

柴田：初めて見た場合？あの人って？

头一回见到这种场面，那个人是谁？

男：彼女。黒沢さんがここの2階に住むまで、同棲してたんだ。

女朋友，黑泽在这个二楼住之前，两人同居来着。

柴田：同棲？やらしい。

同居？好卑鄙。

生島：とりあえず部屋に帰ってきてちゃんと説明して。

总之先回房间，好好给我说清楚。

文本分析：面子威胁论中威胁听话人消极面子的行为是指说话人表明他无意干涉听话人行动自由的言语行为，主要包括：命令、请求、提醒、理解、建议、劝告、威胁等行为。这段台词中黑泽的女友生岛因为不满黑泽开咖啡店就来咖啡店找他，生岛的台词“我问你在这种地方干啥呢，回答我”“那就好好回答我”“总之先回房间，好好给我说清楚”，这些命令的表达属于威胁听话人的消极行为。黑泽的台词“别这么大声”这一请求的表达也属于威胁听话人的消极行为。

（三）礼貌策略

生島：ねえ、今、暇？飲みに付き合ってよ。

　　喂，你现在有空吗？陪我去喝点东西吧。

柴田：残念ですけど、私、今お金なくて。失礼します。

　　很遗憾，我现在没钱，我先走了。

生島：奢る。

　　我请客。

柴田：何食べます？

　　要吃什么？

文本分析：由于言谈中有些言语行为总是威胁着双方的面子，因此说话人需要采取一些礼貌的言语策略，用委婉的方式表达自己的意图，给自己留有面子，也保全听话人的面子。为此布朗和列文森提出了关于礼貌策略的理论，这一理论通常称为“面子保全论”（Face-Saving Theory，简称FST）。面子保全论中的礼貌策略称为“补救策略”（redressive strategies）。根据面子威胁程度的高低，补救策略可分为：1. 不使用补救策略，赤裸裸地公开施行面子威胁行为；2. 积极礼貌策略；3. 消极礼貌策略；4. 非公开施行面子威胁行为；5. 不施行面子威胁行为。其中积极礼貌策略以保全听话人积极面子为目的，即说话人通过“套近乎”的讲话方式取悦听话人，以满足听话人积极面子的需求。消极礼貌策略是以回避为基础，即说话人尽量避免妨碍听话人的行动，以满足听话人的消极面子。布朗和列文森共提出了十五种消极礼貌策略，如说话迂回、不强求、表示道歉、模棱两可等等。上述台词中生岛为了和柴田套近乎，向柴田发出了邀请，说“喂，你现在有空吗？陪我去喝点东西吧”，这属于积极礼貌策略，柴田回答“很遗憾，我现在没钱，我先走了”，委婉拒绝了对方的请求，属于消极的礼貌策略。

第二章　语用指示

一、相关概念

弗雷泽（Fraser）1997年提出，句子的语义分析可以分为相互独立的两部分：命题内容和语用意义。命题内容是指话语中所传达的基本信息；语用意义是指通过一系列的语用指示词、句子结构和表达式来传达的说话者的直接交际目的。

例文1. 我一个小时后回来。

假设你在某教室看到这样一张没有落款和时间的纸条，你会选择等待还是离开？我们不能确定那个“我”究竟是谁，不知道“一个小时后”是什么时候，因为“我”和“一个小时后”都是指示语，要确定其具体意义必须参照具体的语境——究竟是谁在什么时候留下了这张纸条。当这些基本的语境信息缺失时，我们无法断定这句话中指示语的意义。

（一）人称的指示性

1. 语言宇宙的中心

中国古代采用两种方法来预知未来，一个是“卜”，一个是“筮”。“卜”是通过火烧龟甲或兽骨，从其裂纹形状来卜凶吉的方法；“筮”是通过计算尖叶草（锯齿形草）茎的排列来推算生死的方法。这种占卦方式叫作“易”，易的原意是“”，代表蜥蜴。卜筮也许曾经是把蜥蜴看作精灵的部落里的一种职业。

根据易的哲学，有一种太极之气是万物之根源，其首先分裂为阴“--”和阳“—”两仪，成为天地。两仪再分为四象。

—	--	—	--
—	—	--	--
老　阳	少　阳	少　阴	老　阴
夏、南	春、东	秋、西	冬、北

四象进一步一分为二，变化出如下八卦：

☰	☷	☳	☶	☲	☵	☱	☴
乾	坤	震	艮	离	坎	（兑）	巽
（天）	（地）	（雷）	（山）	（火）	（水）	（泽）	（风）

易通过八卦来预测变幻莫测的宇宙万象。由孔子创始的儒教将易看作宇宙存在的象征，并以此作为他们实相观念的基本理念。总之，其中贯穿着非常精妙的二分法。

对此，老子认为物象的根本存在是混沌，说：“有物混成，先天地而生。”老子将此称之为“道”，进而提出：

道生一，则一生二。

一生二，则二生三。

二生三，则三生万物。三即生万物。

这就是老子和庄子的开创学说，但是老子所说的开天辟地也很难理解。而用指示的理论来套用的话，谜底就可解开。

2. 指示的逻辑

“语言的宇宙”首先是未分的、混沌的，于是自己作为“说话人”而诞生。此时自、他分离，“他”再分化为“听话人”和除此以外的人。就是说，在用语言交际的世界中，最初分离出“说话人”S与“非说话人”–S，后者再进一步区分为“听话人”H与“非听话人”–H。当然，在人称指示中，说话人S为第一人称，听话人H为第二人称，其他人用第三人称表示。用图表示如下：

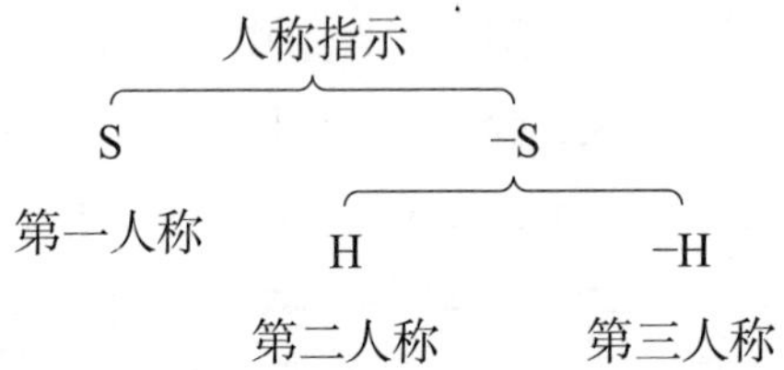

用这三个人称就可以指示宇宙万物。特别是第三人称，具有代替可用语言表示的世间万物的功能。

（1）人称指示

人称指示指谈话双方以话语传达信息时的相互称呼，日语中的人称代词及许多称谓均可担当指示词，它们在句中的指示对象往往要根据上下文或相关语境才能判断。

例文 2.

あの中になにがあるか。

那里面有什么？　　　　〈问关于无生物〉

あの中になにがいるか。

那里面有什么？　　　　〈问关于非人类生物〉

あの中にだれがいるか。

那里面有谁？　　　　〈问关于人类〉

解析：如例所示，日语中根据动词“ある”“いる”来区分生物和无生物，根据疑问词“なに”和“だれ”来区分人类和非人类。

例文 3.

私は原敬で、第 19 代目の日本の首相です。

我叫原敬，是第 19 任日本首相。

解析：这句自我介绍中的第一人称“私”（我）指代原敬这一人物和日本首相这一社会身份。

只要是日语的说话人，任何人都可以称呼自己为“私”。

（2）身份语

现在，“社長”（总经理）、“課長”（科长）等职务名称被用作代词，就是根源于这种使用身份词的传统。

海德（B. F. Head）认为“人称在相互关系中的具体距离，跟交际参与者之间的社会距离和亲密程度有关”，他解释说第三人称比第二人称距离远，而在个人的认定方面，复数比单数间隔大。的确如此，亲密程度会随着距离的增大而降低，相反，尊敬的程度就会增加。另外，由于复数而减弱了个体的程度，就会加大疏远的程度。

日语中的身份和官职名称也正是属于这种代词化名词。另外，还有一个方法是通过位置化和方向化来增加距离感，增加敬意。

あの人 → あの方 → あちらの人 → あちらの方

沿着这一条线，产生了“あなた”这一第二人称代词，以前还有“そなた”的叫法。位置化的例子有“お前”和“御前”。前者因使用频率高而导致尊敬值下降，现在通常作为蔑称使用。

（3）轻蔑语

法国著名作家阿尔封斯·都德（Alphonse Daudet）在他的自传体小说 *Le petit chose*（《小东西》）中，描述了一个年轻人因为家境贫困，衣衫褴褛，被同学看不起，老师也不叫他真名而轻蔑地叫他“le petit chose”。这个年轻人在逆境中发奋学习，终于成长为一代文豪。

曾经有一部电影名叫『三匹の侍』(《三只武士》)，就处于这一过程之中。无生化常见于指示代词代替人称代词的表达。

例文 4.

毎日喧嘩して泣かしてやるんだ。姉さんたってあれはお妾の子なんだもの。

每天都吵架惹她哭，说是姐姐，那也是小老婆的孩子。

（谷崎潤一郎『少年』）

例文 5.

今もこいつに言っとるんですがね。

现在还在跟这小子讲呢。

（森本薫『女の一生』）

解析：这个“こいつ”（这小子）中充满了亲切的感情。

一般来说，轻蔑语（pejorative）都是伴随着爱憎的感情的。上例中的“こいつ”包含着亲爱还是憎恶的感情，要根据语境来决定。

（4）敬称

战争期间，有一首开头为“父よ、あなたは強かった”（父亲，您真强大）的军歌发表出来后遭到了很多人的指责，说对父亲使用“あなた”（您）这样的代词简直不像话。对父亲说话时，一般都叫“おとうさん”（爸爸）。

关于日本家庭内部的称呼和亲属名称的代词化，铃木孝夫在『ことばと文化』(《语言与文化》)（1973）的“日本語の自称詞と対称詞の構造”（日语自称词和对称词的结构）一节中做了精辟的分析。

（婆婆对媳妇可如下称呼）：

例文 6.

おかあさん（ミツコ）、今日は、おとうさん（マサオ）の帰りが遅いねえ。

妈妈（美津子），今天爸爸（正夫）回来得真晚啊。

解析：婆婆把媳妇看作长辈，就用“おかあさん”；看作晚辈，就用“ミツコ”。这取决于祖母把图表的中心点“自己”放在家庭中的孙子身上，还是放在自己身上。即“自己”是可以自由转换的。

这里需要注意的是，西欧家庭结构的中心点永远是定格在自己的。而在日本，根据世代交替，其地位是要上升的。

在西欧，父亲被称为“father”直到去世。但是在日本，结婚生了孩子，自己在家庭结构中就占据了父亲“おとうさん”或母亲“おかあさん”的位置。随之，自己的父母也有了孙子，上升为“おじいさん”“おばあさん”。这样，新体系中的亲属位置就作为自称词、对称词及他称词来使用了。

但是我们认为亲属名称的代词化有必要在一般理论中给以定位和考察，而不是看作日语固有的特殊用法。这样一来，问题就是名字和身份词如何才能跟人称指示替换。这一点，不同语言的制约条件是不一样的。

（5）人称指示词的使用策略

第一，人称词的使用要符合语境要求。

- 符合时代的特点
- 符合场合的规范

第二，人称词的使用要适应目的的需求。

- 满足情感交流的需要
- 要能适应目标的追求

第三，人称词的使用要能满足显示心理，主要体现：

- 显示身份地位
- 显示伦理亲情

（二）空间的指示性

1. 检验测试

this“これ”（这个）和 that“あれ”（那个）是指示代词，但是 it 属于人称代词。这一点不搞清楚的话，就会犯“それは猫です”这样的基本错误。这里应译作“あれは猫です”。

this——指示离说话人近的事物

that——指示离说话人远的事物

it——则消除了远近的距离感，主要承担重复前述词语的前方照应功能。

2. 地点指示词

地点指示指话语涉及的地点，地点指示信息来自话语中有关物体的方位或说话时说话人与听话人所处的位置。由于说话人或听话人所处的位置常常与物体本身的方位不同，因此，就需根据语境来分析判断地点的指示信息。日语常用的地点词语有“ここ”“そこ”“あそこ”等，地点指示词亦有手势用法、象征用法及前方照应用法等。

（1）地点指示

我们先来看看下面的例子，其中的“ソ”是指两人视野以外的事物。

例文 7.

A：ちょっと俺の眼鏡を取ってくれないか。

给我拿一下眼镜吧。

B：どこにあるの。

在哪里呀？

A：どこかその辺にあるだろう。

就在那一块儿吧。

解析：但是寻找遗失物时也可以说“コ”或“ア”，所以表示视野以外事物的位置不一定限于“ソ”。

どこかこの辺にあるかもしれない。

也许就在这一块儿。

どこかあの辺に落とした気がする。

好像掉在那一块儿了。

然而下面谈话中的“そこ”显然是表示不定的“ソ”。

例文 8.

A：どちらへお出かけですか。

您去哪儿？

B：ちょっとそこまで。

就到附近走走。

日语中看不见的地方常用“山のアナタ”（山那边）、“雲のカナタ”（云的彼方）等表示。

（2）方向指示

日语中有所谓的“こそあど”，“そこ”指代场所，“そちら”“そっち”是表示方向的代名词。“ソコの場所に”（那个地方）、“ソッチの方（向）に”（那个方向）被认为是重复的表现形式。

例文 9.

ホ、ホ、ホタルこい。こっちの水は甘いぞ、あっちの水は苦いぞ。

萤火虫呀来来来，这儿的水呀甜甜的，那儿的水呀苦苦的。

解析：这首儿歌中的“こっち”表示“この付近”，即指示说话人所处的地域范围内。这时候，若说成“ここの水”的话，就被限定在说话人所处的地点了。

3. 空间方位的确定

骰子点一天地六，即骰子的点数一点在上，则正下方一定是六点。但是扔骰子时并不知道哪个点数会朝上，所以常常用于赌博。总之，物体离地球重心近的一边在下，远的一边在上。这样，即使骰子的上下方向确定了，其余的四个面也无法确定是前后还是左右。

（1）上下的维度

有的物体有上下，但是却无法确定前后左右，如圆桌。橡皮球也是如此。杯子这类圆形器具则是注水的一方为上方。另外，像“山顶”“海底”等，上方的界限叫“顶”，下方的界限叫“底”。

根据前后、左右、上下这三维空间，作为测定事物时的基准，常常使用“纵”（前后）、“横”（左右）、“高度”（上下）等名称。比较它们的大小时，平面（前后及左右）用“ナガイ／ミジカイ”（长／短），上下用“タカイ／ヒクイ”（高／低）。

一般来说，从水面向上的距离叫“タカサ”（高度），向下的距离叫“フカサ”（深度），但是箱子这种从上面拿放东西的器具，其上下的长度称为“フカサ”。

（2）左右的维度

左右关系：我们通常把拿筷子的手叫作右手，拿碗的手叫作左手，但是左手用筷子的人也不在少数。翻开《学研国语辞典》可以查到如下的解释：

a）右：朝向北面时，相当于东边的位置。

b）北：朝向太阳升起一方（东方）时左边的方向。

就是说，a）左右根据东西南北的方位来确定，b）方位根据左右来规定。这样，确定左右时根据方位，反过来确定方位时又根据左右，陷入了循环论的陷阱。

日本结婚典礼上，新郎坐在左边，新娘坐在右边。但是对他们本人来说，新郎位于新娘的右侧。

在右男左女这一点上，所有的神话都是一致的。据希腊神话，莱托女神生太阳（阿波罗男神）和月亮（阿忒米斯女神）时，右手抓着代表雄性的棕榈树，左手抓着代表雌性的橄榄树。

（3）前后的维度

按照菲尔墨（Fillmore）（1971）的观点，物体的“前面”根据以下标准来判断。

a）生物指具备视觉器官的一面。

b）运动机械指设计为前进的一面。

c）器具指使用者利用的一面。

d）建筑物指有主要入口的一面。

解析：事物是否的确可以这么确定“前后”呢？

如标准 a）所规定的，生物以具备眼睛的方面为前面，那么螃蟹仍然是横行的。章鱼、墨鱼长眼睛的一面是前面的话，该说是朝哪个方向游呢？

按标准 b），汽车的前面很清楚，但是像新干线的列车那样，向前向后都能运动的事物就必须根据开动时的方向来决定了。先到达目的地的一方为前面，后到达的一方为后面。

按标准 c），书箱和橱柜之类拿放物品的一面可认为是前面。书桌有抽屉的一面应该是前面，但是如果说“机の前に窓がある”（书桌前面是窗户），意思是指使用者的前面了。

按标准 d），剧场有从外面入内的入口的一面是建筑物的前面，内部有观众面对的舞台的一面是前面。从演戏的演员来看，观众席的一面是前面。即相互之间眼睛看的方向是相反的。

日语的前后关系用“マエ／ウシロ”“アト／サキ”等词来表示。

例文 10. うしろ姿のしぐれていくか。

解析：这是无韵律流浪诗人山头火的俳句，开头的“ウシロ姿”不能改成“アト姿”。物体的反面是“ウシロ”。

从位置上来把握，就是“マエ／ウシロ”。例如将“家のウシロに柿の木を植えた”（在屋后栽了柿子树）说成“家のアトに柿の木を植えた”,“家のアト”的意思是拆除房屋后的废墟了。

有一句俗话“アトは野となれ、山となれ”（管它变荒原变高山），说明了离开的人对自己行为的结果不负责任、放任不管的态度。

对于像树干这样无法确定前后的圆形物体，靠近说话人的一侧称为前，远离说话人的一侧称为后。因此，如果说“木のマエに猫がいる”（树的前面有一只猫），那么猫一定是位于说话人和树之间。

（三）时间的指示性

1. 哲学时间和语法时间

时间是风。就像在海边迎着海面上吹来的海风，站在现在这一时点上展望未来，时间像迎面的风一样吹过来。另外，乘上时间这匹快马向着未来疾驶，也能够切身感受到时间的流逝像吹拂在脸上的风。这就是语言意识中的“时间”。

时间是流逝的东西，是离去的东西。“光阴似箭”，时间从悠久的过去向着永劫的未来勇往直前。现在是过去和未来的连接点，就像拉链的拉锁一样时刻在拉开封闭的未来世界，将其变成已知的现实世界。但是，真正意义上的现实世界只是现在这一瞬间。在茫茫的时间大海中破浪前进，站在现在的船尾眺望过去，一切都化为航行的轨迹飘然消失在记忆中。

下面来看一下哲学时间和语法时间。

哲学时间：时间由过去向着未来单方向流动，现在是过去和未来的连接点。

未来 ← 现在 ← 过去

语法时间：为这一时间直线提供语法时态划分依据的，是赖兴巴赫（Reichenbach，1947）的三点分配理论。

2. 时间的指示

时间指示指谈话双方用话语传达信息时提到的时间，它常以说话人的说话时刻为依据，但由于语篇语境的不同，说话人用时间指示词表达的指示信息也不一样。因此要准确把握时间指示信息，就须考虑说话人使用的是哪一类时间指示词在什么场合及使用什么时态的动词来搭配。

例文 11.

A：鈴木さん、先日のテストどうだった？

铃木，前几天的测试如何？

B：あ、今度はうまくいった感じよ。

嗯，这次感觉不错。

例文 12.

A：来週の日曜日、箱根の旅行へ行く予定をしていますが、ご一緒にいかがですか。

下周日打算去箱根旅行，一起去好吗？

B：せっかくですみませんが、ちょうどその日約束がありますので、また今度ね。

您盛情邀请真不好意思，正好那天有约定，我们下次吧。

解析：从两组会话的语境分析，“今度”的语用含义各不相同，它在例文 11 中指示的时间是说话时间以前已经发生的，有关状态或行为是过去的；而在例文 12 中，它指示的时间则是说话时间以后将要发生，有关行为是将来的。“今度”传达的时间指示信息是流动性的，若要准确把握其指示信息，就需依照语境的具体情况判断而定。此外，日语中的“最近”“このごろ”“ちかごろ”以及“この＋時”“その＋時”“あの＋時”等词类的具体时间指示信息是什么，都要依照具体语境来判断，离开具体语境，时间指示信息就难以确定。

3. 历法和非历法

时间单位概念可分为历法时间和非历法时间两种。

井伏鳟二有一篇短篇小说『本日休診』(《今日停诊》)。让人留心的是“今日停诊”的牌子，这是一块很好用的告示牌，有什么事情的时候随时都可以挂出去。不仅如此，不想做事时只要挂上这块牌子，就能不做工作，游手好闲下去。就是说，每天都是“今日”。

所以说，既有永远都贴着“今日开张”的条子的老虎机店，也有多日挂着“今日大减价”的牌子的菜店。总之，“今日”可以代替任何日子。例如，图书馆准备好一块“星期一闭馆”的牌子的话，至少每星期可以用一次。

但是1945年8月15日的“战争结束日”是包括现在、过去和将来在内仅有一日的历史事件，而“战争结束纪念日”是每年8月15日都要遇到的。这种历史上只有一次的时间叫作“历法时间”，而“战争结束纪念日”因每年都要重复，叫作“非历法时间”。可以理解为：给每一个时间段以名称，一个大的时间段由一定数量的小时段组成，叫作历法时间，它们的起点和终点大都是固定的。

（四）话语指示

话语指示指在文章或会话形成过程中选择恰当的词汇或语法手段来传达话语中某部分或某方面的信息。话语指示可传达前述话语或后述话语的信息，在连接话语上起到承上启下的作用。日语中有关话语指示常用词以“こ”“そ”“あ”系列指示词为代表，其构成词颇多且使用广泛。

谈话：指说话人和听话人之间互相交流的话语或书面语。在形成这种谈话的话语或书面语之间所使用的指示语有独特的用法。

1. 话语的时间与空间

（1）话语是在时间的流逝中进行的，所以话语指示要参照时间指示。

时间指示	话语指示
last week／先週	in the last chapter／前（の）章で
next week／来週	in the next chapter／次（の）章で

例文 13.

モリエールとラシーヌであるが、前者は喜劇的で、後者は悲劇である。

莫里哀和拉辛，前者是喜剧派，后者是悲剧派。

解析：日语中，先介绍的被指示物称为“前者”，后介绍的称为“后者”，是按照时间的顺序来考虑的。对于话语的指示的考察，还要区分时间指示词和空间指示词。

（2）在话语指示中，有时用空间指示词。

例文 14.

That was the funnist story I've ever heard.

それは僕が今までに聞いた一番面白い話だ。

那是我迄今为止听到的最有趣的故事。

解析：上面例句中，that（あれ）指前面已经谈过的部分。有时还有如下用上下的空间指示来指前后的谈话部分。

以上申し上げましたように／如上所述（之前已讲述的事）

以下申し上げますように／如下所述（之后要讲述的事）

2. 话语中的空间指示词

日语中，对于刚刚介绍的事情和随后将要介绍的内容用“これ”“この”，即“コ系列”来指示，与此相对应，日语的“それ”被规定为指属于听话人范围内的事物。

话语的空间指示（远近型）
- 【+近】………………これ（附近）
- 【−近】
  - 【−远】……それ（单方知识）
  - 【+远】……あれ（共有知识）〈回想〉

“これ”是对说话人附近的东西发问，“それ”是指听话人范围内的东西，而“あれ”指示的是跟说话人和听话人都有距离的事物，是对离听话人远的东西提问，或者说话人和听话人共同拥有的某种回忆。

例文 15.

A：昨日、山田さんという人に会いました。その（この）人は道に迷って困っていました。

昨天我遇见了一个叫山田的人，那（这）人迷了路不知道怎么办。

B：その人どこへ行くつもりでしたか。

那人打算去哪里呀？

解析：山田是 B 不认识的人物，所以，他使用了承接话题的“その”来对话。

例文 16.

A：昨日の会合で、大山さんに会いました。あの人は、面白い人ですね。

昨天我遇见了大山。那个人很有意思呀！

B：あの人は愉快な人です。

那个人是个很风趣的人。

解析：大山是说话人和听话人都知道的人物，也就是“共有知识”。

所谓的“それ”“あれ”指示词在会话中使用时，根据其传达的内容对说话人和听话人是新话题还是旧话题，使用时是固定的。

3. 话语中的时间指示词

日语中的“现在”用“いま”表示，但是，“现在”以外的时候用“この時”“その時”“あの時”，这些叫法有“单方知识”“共有知识”的区分。

例文 17.

いま、東京でオリンピックが開催されています。

现在，东京正在开奥运会。

解析：例句中的“いま”（现在）为 1964 年 9 月的场合（情况）。

例文 18.

来週会合がありますから、そのときお話しします。

下周要开会，那时再说。

解析：如例句中的“そのとき”，在日语中，“将来”用“そ”系列来表示。

例文 19.

夫：結婚式は、３月の末だったなあ。

　　结婚仪式是在 3 月末的时候吧。

妻：そうよ、あの時は桜が満開だったわ。

是呀，那时候樱花正盛开呢。

解析：结婚仪式是丈夫和妻子共有的回忆，故此，使用了“あの”来接住话题。

小结：“そ”系列跟事物保持一定距离，指称的客观性较强；而“こ”系列将事物拉向说话人一方，主观色彩较浓，有身临其境的感觉。总之可以说，“こ”系列是主观性的，“そ”系列是客观性的，“あ”系列是回忆性的。

4. 社交指示

社交指示是指为适应社交现场的不同需要，谈话双方使用各种言语手段以求在话语中恰当地表达各自的言语行为，社交指示信息可在使用的各种言语手段中得以体现。比如，在称谓上，根据说话人和听话人的社会关系及社交身份的不同，言语表达行为和方式是各不相同的。由于日本社会是一个注重上下级关系的纵向型社会，在称谓上表现的社交指示性用法甚为广泛。

社交指示探讨反映发生言语行为的社会状况的语言层面，特别是将传达的参与者及指称者的社会地位如何作用于语言表达作为分析的对象。一般情况下，称之为“敬语”的领域就是社交指示的中心。

（1）日语的敬语

关于日语的敬语，列文森（1983）提出了三种类型。

- 说话人与听话人（听话人敬语）
- 说话人与旁听者（旁听者敬语）
- 说话人与场合（场合敬语）

“听话人敬语”和“说话人敬语”的区别，可以通过罗斯（Ross，1970）的施为分析得到明确化，该施为分析将言语行为纳入了句法结构中。

我们来比较以下四种说法：

① 先生が来た。

② 先生が来ました。　　　（听话人敬语）

③ 先生がおいでになった。　（指示者敬语）

④ 先生がおいでになりました。（指示者敬语+听话人敬语）

解析：②的听话人敬语表示说话人对听话人的敬意，使用了“ます・です”形；③的指示者敬语是对话题人物表示尊敬之意的句型；④则是二者的结合体，即对听话人和话题人物同时表示敬意的表达方式。

例文 20.

先生は書斎においでになる（いらっしゃる）。

老师在书房里。

例文 21.

先生（に）はお子さまがおいでになりますか（いらっしゃいますか）。

老师您有孩子吗？

（2）授受动词

关于日语的授受动词，大江三郎（1975）提出了可喜的研究成果，其中有例句的对比分析：

例文 22.

a. He gave her a book.

彼は、彼女に本をやった。

b. He gave me a book.

彼は、私に本をくれた。

例文 23.

a. He received 5000 yen from her.

彼は、彼女から５千円もらった。

b. He received 5000 yen from me.

？彼は、私から５千円もらった。

解析：例文 22 中，英语的“give”可以和日语的“やる”和“くれる”二种表述相对应，接受者如果是“说话人”的话，采用“くれる”，若是其他人的话则要改用“やる”来表达。而例文 23 中英语的“receive”虽然相当于日语的“もらう”，但是，“给予者”原则上不能是“说话人”，因此，例文 23 的 b 是不存在的。

因为授受动词在用法层面与“说话人”关系密切，所以纳入指示一章中加以解析。

对于这一类动词，大江做出了如下的分析。

	给予者	接受者	意志发出者
やる	说话人 说话人之外	通常为说话人之外	给予者
くれる	通常为说话人之外	通常为说话人	给予者
もらう	通常为说话人之外	说话人 说话人之外	接受者

但是大江图式中不足的地方是，“说话人之外”没有表达出“听话人”也可能表示某种反应。如“くれる”的例子：

例文 24.

一郎さんが私にこの本をくれました。

一郎给了我这本书。〈接受者 = 说话人〉

例文 25.

一郎さんが（私の）妹にこの本をくれました。

一郎给了（我）妹妹这本书。〈接受者 = 说话人的亲属〉

例文 26.

一郎さんが君にこの本をくれましたよ。

一郎给了你这本书。〈接受者 = 听话人〉

例文 27.

一郎さんが君の妹さんにこの本をくれましたよ。

一郎给了你妹妹这本书。〈接受者 = 听话人的亲属〉

解析：这种情况下，说话人的亲属或听话人的亲属可以认为是分别属于说话人或听话人一方（领域）。即“说话人一方”构成以下的层次，左边的项要看作是处于比右边的项更接近“说话人一方”的关系。

说话人一方：说话人 < 说话人的亲属 < 听话人 < 听话人的亲属

关于“くれる”，由于要关系到说话人和听话人，因此以+P（传达的参与者）为接受者，可构成以下公式。“施”表示施予一方，“受”表示接受一方。

（施）－P →（受）+ P（くれる）

这里重新检验一下“やる”“くれる”的用法，结果如下。

×君が私に本をやった。　○君が私に本をくれた。　（2→1）
×一郎が私に本をやった。　○一郎が私に本をくれた。　（3→1）
×一郎が君に本をやった。　○一郎が君に本をくれた。　（3→2）
○私が一郎に本をやった。　×私が一郎に本をくれた。　（1→3）
○君が一郎に本をやった。　×君が一郎に本をくれた。　（2→3）
○私が君に本をやった。　×私が君に本をくれた。　（1→2）
○一郎が春子に本をやった。　？一郎が春子に本をくれた。（3→3'）

解析：数字1、2、3分别表示第一人称、第二人称、第三人称，3'指辅助性第三人称。

久野暲（1973）认为最后的“一郎が春子に本をくれた”一句是可行的，大江三郎（1975）规定该句子为“春子”与说话人关系紧密的情况。总之，从以上例子可知，“やる”和“くれる”构成互相补充的分布。下面看“もらう”的例子。

？×君は私から本をもらった。　（2←1）
？×一郎は私から本をもらった。　（3←1）
○一郎は君から本をもらった。　（3←2）
○私は一郎から本をもらった。　（1←3）
○君は一郎から本をもらった。　（2←3）
○私は君から本をもらった。　（1←2）
○一郎は春子から本をもらった。　（3←3'）

解析：“もらう”和“やる”从下面所示的箭头方向可知，授受关系正好相反。

例文28.

一郎が春子に本をやった。

一郎把书给了春子。（施）一郎→春子（受）

例文 29.

一郎は春子から本をもらった。

一郎从春子那儿拿了书。（受）一郎←春子（施）

解析：因为“もらう”的情况是“一郎は君から本をもらった”的表达可以成立，所以可以建立如下的图式。

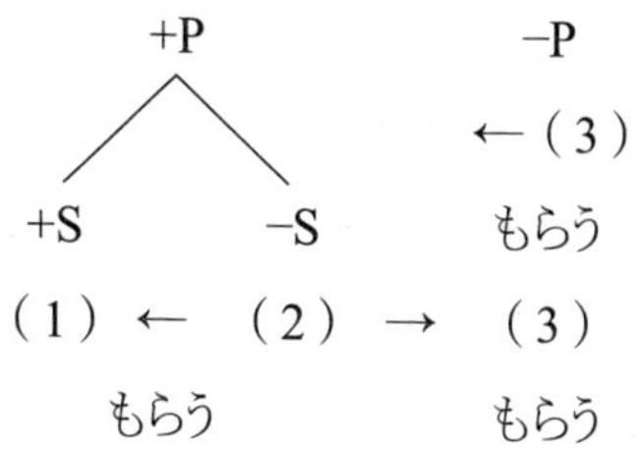

（3）指示性动词

“くる”和“いく”是站在说话人的立场进行判断的移动行为，所以称为指示性动词。“くる”是向说话人靠近的移动行为，“いく”是说话人朝着某个方向移动的行为，远离说话人的移动行为。

“いってらっしゃい”是日语中特有的送家人出门时的固定说法。父母跟去上学的孩子们之间每天都要重复如下的对话。

例文 30.

母親：いってらっしゃい。

走好啊！

娘：いってきます。

我走啦。

解析：“いってらっしゃい”是“いっていらっしゃい”的短

缩形式，比“いってきなさい”的说法更礼貌一些。本来，“くる”是指朝说话人的位置方向移动的行为；“いく”是指说话人自己朝某个方向移动，或他人从说话人的位置看是离开的行为。根据这样的意义内容，在“くる”和“いく”的移动者问题上，母亲和女儿之间有误差。

母亲：いって（他人从说话人的位置看是离开的行为）
　　　いらっしゃい。（朝说话人的位置移动的行为）

女儿：いって（说话人从自己的基点离开的行为）
　　　きます。（朝说话人的基点移动的行为）

解析：女儿的“くる”表明了回到说话人本人家（基点）来的意志。

再如下面的例句，某人在打电话时，考虑到自己所处的位置，经常会这么说：

例文 31.

明日、会社へ来て（行って）ください。

明天请到（去）公司里来。

解析：这是把公司作为基点。根据自身所处位置会以家庭或工作场所这样的参照物为基准。

（4）指示词的两种语用功能

- 在言语交际中运用，使得话语得以有效地利用双方的共知成分，减少话语量——简洁明确——消除啰唆和重复。
- 在话语与语境之间构建最佳关联桥梁——显性内容——隐性内容。

（5）指示话语的两类用法

- 说话时，辅之以手势或眼神的用法。
- 在言语交际中，大量普遍地存在。（成语和俗语中）

例文 32.

不入虎穴，焉得虎子？

虎穴に入らずんば、虎児を得ず。

君子一言，驷马难追。

君子の一言には、馬は追いつけない。

我不入地狱，谁入地狱？

地獄に入らなければ、誰が地獄に入るか？

二、实例分析

素材简介：选自2019年日本电视台制作的校园喜剧『俺のスカート、どこ行った？』（《我的裙子去哪儿了？》），讲述了在尊重多样化的私立豪林馆学园高中，爱穿女装的同性恋男老师原田信夫以奇思妙想和破天荒的手段对抗巨大权力的压制，同时也用他的价值观和言行影响着学生们的故事。

（一）人称指示

原田先生：光岡、来ていないの？

光冈没来吗？

学生：知りません。

不知道。

助手：原田先生、あいつが再テストを受けなかったら意味ないですよ。どうしましょう。開始までに来なかったら、また0点だし。

原田老师，那小子要是不参加重考，这重考就没有意义了，咋办呢？考试前不来的话，又是零分呀。

原田先生：電話して。

给他打电话。

助手：はい。

好的。

文本分析：班上的学生光冈此前因为考试作弊，抄袭了旁边同学的答案导致全班同学都要重新参加考试，但重考的时间快到了，光冈还没有来，原田老师让副班主任给他打电话。"あいつ"这里属于人称指示中的蔑称，含有某种爱憎的感情，指代学生"光冈"。

（二）空间指示

原田先生：光岡！光岡！いるの？いないの？光岡、何やってんの？テストだよ。今から行けば、テストの時間間に合うから。

光冈！光冈！在吗？在不在？光冈你在干嘛？考试了，现在去能赶上考试。

光岡：行かねえよ。みんなに文句言われるんだから。お前のせいで再テストだとか。点下がったらどうすんだよとか。

我不去。因为大家都会指责我的。说什么“都是因为你才重考的”“考不好怎么办”之类的。

原田先生：うるさいな～。いいから、窓開けろ！

别啰唆了，行了。把窗子打开！

光岡：開けないよ。勝手に家上がるでしょ。

我不开，你会擅自闯进我家吧。

文本分析：原田老师为了让光冈按时参加重考，来到了他的家中。但光冈因为害怕受到大家的指责而拒绝参加，此时原田老师要他别啰唆，快把窗户打开，但光冈仍然表示不开门，还说“你会擅自闯进我家吧”。此处的“家”并非泛指，而是指说话人光冈自己的家。

（三）时间指示

原田先生：あんた、今日チャリンコ持ってる？

你今天骑自行车了吗？

助手：はい、チャリン通なので。

骑了，因为我是自行车专业户。

原田先生：じゃ、鍵貸して。

那把钥匙借给我。

助手：えっと、今からもしかして向かえに行くつもりですか。

哦，你该不会打算去接他吧？

原田先生：間にあわせればいいんでしょ。

只要来得及就行啊。

助手：あと20分でテスト開始ですよ！

还有20分钟就开考了！

原田先生：やいやい言ってる暇ないんだよ！貸せ！

没有时间跟你啰唆，借给我！

助手：は…はい！

好……好的！

文本分析：重考时间快到了，但是光冈一直都没有来，原田老师打算自己去光冈家里接他来考试，于是要副班主任将自行车钥匙借给他，但副班主任说还有20分钟就要开始考试了，怕时间来不及。原田老师要他别啰唆快点将自行车钥匙借给他。此处的“あと”不是指方位的“后”，而是指时间的“后”，以说话人的说话时刻为依据，“あと20分”指从现在的时间算起还有20分钟就是考试时间了。

（四）谈话指示

原田先生：今日はあなたのための再テストなんだよ！

今天可是因为你才重考的啊！

光岡：だから？！なに？

那又怎么样！

原田先生：「だから？！」じゃないよ！あんたの将来壊さたくない

から再テストするんでしょう。そのために謝った人がいて許した人がいたの。

什么怎么样？因为不想毁了你的将来才重考的。为了这个你妈妈道了歉，也有人原谅了。

文本分析：对白中的“その”属于话语指示词，用于传达前述话语的信息，此处是指代原田老师前面说的话，即“あんたの将来壊さたくないから再テストする”。

第三章　语用预设

一、相关概念

（一）预设的定义

预设也是一种语用推论，它以实际的语言结构意义为根据，靠逻辑概念、语义、语境等推断出话语的先决条件。从哲学家到语用学家，各人对它的界定和理解不尽相同。有人认为预设指的是真实值的必要条件；有人把预设看作是施行言语行为的恰当条件；有人把预设解释为交际双方的共有知识；也有人把它看作是使话语具有意义所必须满足的条件。

弗雷格 1892 年曾说过："在做任何主张时，通常都有一定的明确预设。即用于该主张中的单一或复合的固有名词构成一定的指示。"

例文 1.

南北戦争の後、アメリカでは、黒人奴隷が解放された。

南北战争之后，美国的黑人奴隶获得了解放。

解析：从这个陈述历史事实的句子中我们可以得知下面两个事实。

① 美国曾经发生过一场称为南北战争的战事。

② 以前，美国有黑人奴隶。

由此可见，从上面的例文 1 的句子中，我们可以得到某种含意（前提）。即从"专有名词都具有对象（指称对象）"这一主张中，可以得知例文 1 中的"南北战争"这一复合名词所指称的事件已经发生过。而且，即使将例文 1 改成否定句，“南北战争”这一构成前提的事实仍然存在。

例文 1'.

南北戦争の後でも、アメリカでは黒人奴隷は解放されなかった。

南北战争之后，美国的黑人奴隶仍未得到解放。

解析：对此，弗雷格论述道，“肯定句及其否定句共有一组相同的前提”。即肯定句例文 1 及其否定句例文 1’都同样以“南北战争”为前提。

其后，英国哲学家罗素（Russell）1905 年也从有定名词短语中发现同样的性质，并试图用逻辑公式将其表示出来。

- 句子的意义
  - 言内之意
    - 表面意义
    - 深层意义（逻辑含意）
      - 预设
      - 前提
  - 言外之意

例文 2.

A：你怎么迟到了？

B：我的自行车给偷走了。

解析：B 的这句话有如下预设：1）存在一种叫自行车的车子；2）乙有自行车，否则 B 就不会对 A 说这句话，这句话也不能成为 B 解释为什么迟到的理由，A 也无从推导出它的含意。二者同为存在性预设。

例文 3. 这杯普洱茶真好喝。

解析：要使此句的意思得以成立，必须有如下预设：1）至少有一个杯子；2）存在一种叫普洱的茶；3）杯子中有普洱茶；4）说话人喝过杯中的茶。前三个为存在性预设，后一个为事态性预设。

例文 4. 张三的哥哥昨天又买了一台电脑。

解析：要使此句的意思得以成立，必须有如下预设：1）存在张三；2）张三有哥哥；3）张三的哥哥有能力买电脑；4）张三的哥哥以前买过电脑等。否则其会话含意无法表达和推导出来。前两个为存在性预设，后两个为事态性预设。

小结：这些含意都是从刚才提供的话语中提炼出来的，不是从富含暗示性的话语同话语进行时的状况的对应关系中推测出来的。如果说暗示是言外之意的话，那么上述以给定的话语内容为素材的含意就是言内之意了。但又同话语本身的内容是不同的。此处就有必要对言内之意进行细细的划分了。

（二）预设的多样性

语言学上的预设关系指语句间的语义-语用关系。由于“预设”是语句的基础，寓于语句结构之中，但它又对语境因素十分敏感，因此，预设关系既反映语句间的逻辑-语义关系，也反映语句间受语境影响的语用关系。预设关系中的逻辑—语义预设和语用预设是密切关联的。

1. 预设的哲学渊源

对预设的研究起源于哲学界，20 世纪 60 ～ 70 年代，随着语义学的发展，这个概念引起了语言学界的兴趣，语言学家把它作为一种语义关系来研究，其后，语用学的兴起又给这个概念增添了一个新的视角。

哲学界对预设的兴趣来自哲学家对所指和所指词语性质的争论，如何把自然语言中的所指词语转换为逻辑语言，这是逻辑理论的一个核心问题。近代哲学家中，首先对这一问题认真进行研究的是被誉为“现代逻辑学奠基者”的德国哲学家弗雷格。他认为，人们在通过一个句子发出声音时，必然存在显而易见的前提，即在声音中所用的专用名词必有所指。

例文 5.

Kepler died in misery.

开普勒惨死了。

例文 6.

Kepler existed.

开普勒存在。

例文 7.

Kepler did not die in misery.

开普勒没有惨死。

例文 5 中的 Kepler 这个专有名词必指某一客观存在的实体，这句话的声音在内容上虽然不包含例文 6，但它无疑是以例文 6 为前提的。而且，例文 5 和例文 7 虽互相矛盾，但具有同样的前提例文 6。

弗雷格勾画的预设理论大致包括以下三个要点：

- 指称短语和时间分句均有所指，因而具有前提。
- 一个句子和它的否定形式具有同样的前提。

● 句子或声音，不论真实或谬误，其前提必须成立。

2. 语义预设

语言学家对预设的兴趣是从他们对语义关系的研究开始的，他们把预设看作是两个语义命题之间的一种关系。它有以下几个特点：

①预设决定于人们普遍接受的逻辑规律。

例文 8.

彼は、映画テーマ·パークへ行った。

他去了电影主题公园。

例文 9.

関西には、映画テーマ·パークという公園がある。

关西有一个叫作“电影主题”的公园。

解析：例文 8 以例文 9 为“预设”，或者说，例文 9 是例文 8 的“预设”。

②语句的“预设”不能假，如果“预设”是假，语句就无意义。

例文 10.

関西には、映画テーマ·パークはない。

关西没有电影主题公园。

解析：既然关西没有“电影主题公园”，他却去了那个公园，显然是不合逻辑的。

③对语句加以否定或提出疑问都不会否定“预设”，也就是说，如果语句是假，或怀疑语句的真假，反而更说明“预设”是真。

例文 11.

田中さんは、今日、また遅刻した。

田中今天又迟到了。

〈否定〉田中さんは、今日、遅刻しなかった。

田中今天没有迟到。

〈疑问〉田中さんは、今日、また遅刻したのか。

田中今天又迟到了吗?

〈预设〉田中さんは、遅刻したことがある。

田中以前迟过到。

④ 预设关系会受到语句焦点的影响，语句焦点不同，“预设”就会发生变化。

例文 12.

鈴木は、花子さんを、悪の道へいざなった。

铃木将花子引上了犯罪的道路。

〈预设〉有铃木这个人（铃木做了什么不知道）。

例文 13.

鈴木が、花子さんを、悪の道へいざなった。

〈预设〉曾经引诱过花子（是谁不知道）。

⑤ 预设关系会受语句中某些词语影响而“触发”出来。这些触发预设的词语称为“预设触发语”。

例文 14.

妈妈，我也要买气球。

〈预设〉有人买了气球。

小结：预设关系单靠逻辑-语义分析是不能彻底解决问题

的，存在一些缺陷（何自然，2006）。而且，如果预设纯粹是一种语义关系的话，那么和其他语义关系一样，它应该是一成不变的，是语言本身所固有的属性，独立于语言的使用之外。

越来越多的语言学家发现，预设关系不同于其他语义关系，它对语境因素十分敏感。在一定的语境中，原有的预设会消失，预设又和说话人以及其他语言之外的因素有密切的关系，它实际上也是一种语用推论。出于这些原因，语言学家感到像预设这样的推理不能从狭义的真实条件语义上去考虑，从而开始把预设作为一种语用推理去研究。

3. 语用预设

对于什么是语用预设，同样存在不同的理解和定义，有的对它理解得概括些，有的对它做了比较特定、狭窄的定义。归纳起来有三种说法。

第一种：语境设想——语用预设指的是说话人对言语的语境所做的设想，所谓语境设想，就是预设要与语境紧密结合，预设也是一种言语行为。

例文 15a.

Sam has stopped beating his wife.

萨姆不再打他的妻子了。

例文 15b.

Sam has not stopped beating his wife.

萨姆还没有停止打他的妻子。

例文 15c.

Sam was beating his wife.

萨姆在打他的妻子。

解析：上述例文中的 a、b 句都以 c 句为预设，也就是说，说话人在说 a、b 句时，已经具有“Sam was beating his wife.”这样的设想。按照这一观点，自然语言是在一定的语境中用于交际的，每当说话人使用一句话时，他总是在对语境持有某些设想。

第二种：恰当条件——把语用预设看作是施行一个言语行为所需要满足的先决条件，或是使一句话具有必要的社会合适性所必须满足的条件。

代表人物是菲尔墨。他对语用预设的理解完全是从言语行为的恰当条件出发的，他认为语用预设就是指“通过一句话来有效地实施某一个言语行为所必须满足的条件”。他举例如下。

例文 16a.

John criticized Harry for writing the letter.

约翰批评哈里写信。

例文 16b.

Harry wrote the letter.

哈里写了信。

解析：在例文 16 中，例 a 是以例 b 为预设的。

例文 17.

メアリーチャン、部屋を掃除しなさい。

玛丽，扫一下房间。

解析：母亲发出这个言语行为是提出一个“请求”，这个“请求”是否合适是以一系列的语用预设作为先决条件的。比如：

- 请求打扫的房间是母亲和女儿都明确的那个房间。
- 这个房间已经脏了乱了。
- 母亲知道女儿有能力做这件事。

等多种预设。如果实际的语境并不具备这样的条件，“玛丽不知道母亲说的是哪个房间”“那个房间已经很整齐”“玛丽年纪很小，根本不能胜任这个工作”，那么，这位母亲的请求就变得毫无意义了。

第三种：共知性——语用预设必须是谈话双方所共知，这是所谓预设的共知性或共同性的问题。预设的共知性有三种情况。对语用预设的理解是把语用预设看作是交际双方所共有的知识，或者说是背景知识。

例文 18.

A：来了没有？

B：还没有呢！我也等得急死了。

A：快两个月了，会不会出什么事了？

B：不会，不会，以前也有过这种情况。

A：但愿如此。

解析：如果 A、B 双方的关系单纯是买主和卖主的关系，他们可能谈论 A 的订货来了没有。如果 A、B 同时又是朋友关系，那么他们可能在谈论他们的一位朋友来了没有。前提是什么，第三者是难以判断的，但 A、B 却很清楚。这不但说明预设的共知性，而且说明这种共知性有时只局限于谈话对方。

小结： 语用预设的合适性有助于正确发出言语行为，并使听话人正确理解这个言语行为。有时，说话人发出话语的预设不一定能得到听话人的理解，因为同一话语可能因语境不同而暗示着不同的预设，所以，预设的合适性的一个重要依据就是语境。

（三）预设的特征

我们可以利用“预设”的特征，将肯定的命题改成否定的命题，来测试一下是“预设”，还是“蕴涵”。因为预设的特点是：命题如果是真，预设是真；命题如果是假，预设仍然为真。这就是通常语言学家所说的区别预设和蕴涵的“否定测试法”。

1. 否定测试法

例文 19a.

山田さんは、出かけている。

山田出门了。

例文 19b.

山田さんは、出かけていない。

山田没有出门。

〈预设〉存在一个叫作山田的人。

2. 映射问题

接下来讨论一下语意的存续，即预设如何由从句的内容上升为全句的预设，即所谓的“投射准则”（也称“映射功能”）。

20 世纪 70 年代初，有学者试图用所谓的“投射准则”，即把语义解释赋予句法结构的一套规则，来解释复合句中的预设关系，假设复句的预设就是各分句预设的总和，用公式展示如下：

复句的预设 = 单句①的预设 + 单句②的预设 + 单句③的预设 +……+ 单句 n 的预设

但是，语言现实证明这个假设是不正确的，因为有时由于话语的语境的关系，分句与分句的“预设”无法相加，有时反而被抵消了。只要对一些复合句做些观察，便可以发现“分句预设相加就等于复合句的预设”过于简单化了。

复合句的预设问题远比想象的复杂。预设这个组合问题被称之为预设的映照问题，是对预设在“嵌入”这个特定的语言环境中所做出的研究。据一些学者所做的初步观察和研究，分句的句子被嵌入后，它的预设存在两种可能：一种是消失，即被撤销；另一种是继续存在。

例文 20a.

ビルさんは、男性の社員である。

比尔是男职员。

〈预设〉比尔是男人。

例文 20b.

メアリーさんは、女性の社員である。

玛丽是女职员。

〈预设〉玛丽是女人。

例文 20c.

男性のビルさんは、女性のメアリーさんと結婚した。

男人比尔和女人玛丽结婚了。

〈预设〉比尔是男人，玛丽是女人。

丹麦的存在主义哲学家克尔凯郭（Kierkegaard）在《非此即彼》中，这样开始了"忘我的演讲"：

你可以结婚，这样的话你会后悔的。

你可以不结婚，这样的话你还是会后悔的。

结婚或不结婚，你都会后悔的。

你要么结婚要么不结婚，但是你都会后悔的。

基于以上的演讲内容，我们来看看下面的例句。

例文 21.

ビルは、メアリーと結婚したことを後悔した。

比尔后悔和玛丽结了婚。

〈预设〉比尔和玛丽结婚了。

例文 22.

ビルは、メアリーと結婚したことを後悔するだろう。

比尔或许会后悔和玛丽结婚吧。

〈预设〉同上。

例文 23.

もし ビルがメアリーと結婚すれば、後悔するだろう。

比尔如果和玛丽结婚，可能会后悔吧。

〈预设〉? ?

解析：如例文 23 所示，变成条件句的话，情况就会发生变化。因为表示“后悔”内容的“和玛丽结婚”被框入条件从句中，所以，“比尔和玛丽结婚”不过是单纯的假设，并没有实现。

3. 可取消性

预设和会话含意一样，也是一种语用推理，因此也具有这种可撤销性。

一句话虽然存在着能产生预设的前提语，但由于某种语境因素的影响，原句的预设不复存在。预设对语境因素的这种敏感性表明了预设的语用性质，因此很难把它作为一种纯粹的语义关系来研究。导致预设消失的语境因素大致有两种，一种是语境中的语言因素，另一种是语境中的非语言因素。

例文 24.

ジョンはグレースと結婚したことを後悔することはあるまい。

约翰不会后悔和格雷斯结婚吧。

〈预设〉约翰和格雷斯结了婚。

例文 25.

ジョンはグレースと結婚したことを後悔することはあるまい。実際、結婚しなかったのだから。

约翰不会后悔和格雷斯结婚吧。因为实际上他们没有结婚。

小结：预设关系是一种十分复杂的关系，预设的映射问题更是个使人感到棘手的问题。在句子被嵌入之后，预设既可能存在，也可能消失，在预设能继续存在的情况下，蕴涵又呈现出继续存在和消失这两种可能性。预设关系的复杂性和多变性，只有通过对语境因素的考虑才能做出较为满意的解释。

（四）预设·蕴涵·断言

1. 预设和蕴涵的区别

预设：是说话人从真理值和观点出发，作为理所当然的事情，或者听话人也共同持有这种设想。

蕴涵：指两个句子之间的这样一种逻辑关系，第二个句子的真必定取决于第一个句子的真，即如果第一个句子为真时，第二个句子必真；第一个句子的假必定取决于第二个句子的假，即如果第二个句子为假时，第一个句子必假。即所谓“蕴涵”是指如果在任何使 A 真实的情况下，B 也都真实，那么 A 在语义上蕴涵 B。

例文 26.

That person is a bachelor.

那个人是单身汉。

例文 27.

That person is a man.

那个人是个男人。

解析：例文 26 和例文 27 可构成“蕴涵式”，即例文 26 中含有例文 27，互为条件。

如果我们说例文 26 是真，例文 27 也必真。如果我们说例文 27 是假，例文 26 也必假。但是，如果我们说例文 26 是假，例文 27 就会出现两种可能：或真或假，因为例 26 可能意味着那人仍是一个男人，只是已经结了婚，也可能意味着那人根本就不是男人。

关于预设，我们来看看下面两个例句。

例文 28.

The King of France is bald.

法国国王秃顶了。

例文 29.

There is a King of France.

有一位法国国王。

解析：例文 28 以例文 29 为预设。如果我们说例文 29 是真，例文 28 当然真。如果我们说例文 29 是假，例文 28 就失去了真值，即无法证明例文 28 到底是真还是假了。这时，例文 28 只能被看作是一个无意义的句子。但值得注意的是：如果我们说例文 28 是假，则例文 29 仍然是真。因此，说"法国国王秃顶了"也好，说"法国国王没有秃顶"也好，"预设"都是真的，这个预设就是例文 29"在法国有一位国王"。

预设和蕴涵的区别：

蕴涵		预设	
文 p（真）	文 q（真）	文 p（真）	文 q（真）
文 q（假）	文 p（假）	文 q（假）	文 p（可真可假）
文 p（假）	文 q（真或假）	文 p（假）	文 q（真）

2. 预设和断言的区别

预设：又称为前提、先设和前设，指的是说话人在说出某个话语或句子时所做的假设，即说话人为保证句子或语段的合适性而必须满足的前提。

断言：指在个人的语言中，轻易地在短时间内对某一件事情或者事物下的一种主观性非常强的言论。

例文 30.

彼は、今日、また遅刻した。

他今天又迟到了。

解析：这句话似乎有两个“断言”，其一是“他曾经迟到过”，其二是“他今天迟到了”。实际上，只有“他今天迟到了”才是断言，而“他曾经迟到过”应该是预设。

预设和断言的区别还可以通过对语句提问或改为否定式加以区别。

如果对例文 30 提出疑问：“他今天又迟到了吗？”，预设“他曾经迟到过”仍然是真，但断言“他今天迟到了”就不一定了，因为这个断言也意味着“他没有迟到过”。

如果我们将例文 30 加以否定，即“他今天没有迟到”，则“他今天迟到了”是假，但“他曾经迟到过”仍是真。

预设和断言的区别：

断言		预设	
文 p（真）	文 q（真）	文 p（真）	文 q（真）
文 q（假）	文 p（假）	文 q（假）	文 p（可真可假）

二、实例分析

素材简介：选自2019年NHK电视台制作播出的日剧『これは経費で落ちません』(《这个不可以报销》)，讲述了财务人员森若沙名子与营业部的同事们围绕发票报销斗智斗勇的故事。

（一）预设的定义

森若：一時間きっかりで帰る。絶対に一時間で。24時には就寝して、今日食べる予定だった手羽先の唐揚げときんぴらを忘れずに食べる。

回来正好花了一个小时，绝对一个小时。夜里12点睡觉。不忘记吃掉本来打算今天吃掉的炸鸡翅和炒牛蒡丝。

文本分析：根据预设的定义，预设是以实际的语言结构意义为根据，靠逻辑概念、语义、语境等推断出话语的先决条件。上述森若的独白存在一个预设，即该独白中“不忘记吃掉本来打算今天吃掉的炸鸡翅和炒牛蒡丝”是以“有炸鸡翅和炒牛蒡丝”为预设的。

（二）语义预设

山田：中島？佐々木さん、横山さん…

中岛？佐佐木、横山……

佐々木：あれ？

嗯？

森若：えっと、これは、その…

嗯，这个、那个……

中島：ビックリ。何、二人って、付き合ってんの？

吓了我一跳，两个人是在拍拖吗？

佐々木：そうですか？

是吗？

森若：違います。

不是。

山田：いや、そんな全力で否定しなくても…

别，不用那么完全否定……

森若：何というか、たまたま近くて、ばったり会って、こうなっただけで。今日だけだから。

怎么说呢，偶尔在这附近，碰巧遇见，仅此而已，只有今天。

文本分析：根据语义预设的特点，预设关系会受语句中某些词语影响而“触发”出来，森若的这句台词中存在一个语义预设，触发语为“だけ”，该句的预设为“以前没有遇到”。

（三）语用预设

森若：昨日、損失のことばかり話しましたが、山崎さんはそれ以上に利益を上げています。

昨天说的都是损失的话，其实，山崎你给公司创造了更多的利润。

山崎：そっか、そう言われると、ちょっと、ほっとします。

是吗？这么说来，我稍微轻松些了。

森若：そうですか？

是吗？

山崎：ええ。

是的。

森若：だったら、よかったです。

那就好。

山崎：じゃあ、失礼します。

那我先告辞了。

文本分析：语用预设包括语境设想、恰当条件和共知性。其中语境设想是指预设要与语境紧密结合。森若对山崎说“其实，山崎你给公司创造了更多的利润”，由此可知“山崎给公司带来了损失”是该句台词的预设。

（四）预设的特征

山田：生二つお願いします。

来两杯扎啤。

ウェーター：はい、わかりました。

好的。

森若：あと枝豆と冷ややっこを。

再来毛豆和拌豆腐。

山田：枝豆と冷ややっこ。いいですね。俺、手羽先の唐揚げときんぴらいきます。沙知子さん、手羽先の唐揚げときんぴら食べますよね？

毛豆和拌豆腐，好的。我要炸鸡翅和牛蒡丝。沙知子，你吃炸鸡翅和牛蒡丝吗？

森若：大丈夫です。

没关系。

文本分析：根据预设的特征，将肯定的命题改成否定的命题，预设仍然不变。山田的这句台词存在一个预设，将其改为否定句“我不要炸鸡翅和牛蒡丝”后，预设“酒馆里有炸鸡翅和牛蒡丝”仍然不变。

第四章　会话含意

一、相关概念

语用学是主要研究意义和语境的一门学科，其中的“会话含意”（conversational implicature）是美国语言学家格赖斯（Grice）首先提出的，它是语用学的核心内容，在言语交际中起着非常重要的作用。因为会话含意对语言的理解和表达有实践指导意义，所以一直是语用学研究中的重要内容。

（一）会话含意

日常交际中，很多信息往往不是直接传递的。说话人往往通过某一话语传递的语用信息，而非等于该话语的字面意义或语义组合，听话人则根据相关语境因素进行推理，获取字面意义以外的交际信息。

例文 1.

A：下午踢球吧？

B：上午在换草皮。

解析：上例对话隐含的非字面信息，是需要听话人的推理能力的，不能直接根据话语的字面意义获取表面信息。在言语交际中，类似的字面意义或语义以外的隐含信息就是我们要讨论的会话中的含意，即会话含意。

例文 2.

夫：いま何時かな？

现在几点了？

妻：そうね、いま先、新聞配達が来たわよ。

嗯，刚才送报纸的来了。

解析：在以上例子中，听话人是怎样透过句子的表面意义而做到正确理解说话人的真正意思呢？我们又怎样去理解听话人的应答呢？如果从句子的表面意义去理解，二者在意义上是没有什么联系的，可是为什么从语用学的角度看却是正常的呢？这一连串的问题都可以在语用含意或所谓“会话含意”理论中找到答案。语用含意是语用学的重要内容之一，它给语言事实提供一些重要的、功能方面的解释，也就是说它不是从语言系统内部（语音、语法、语义）去研究语言本身表达的意义，而是根据语境研究话语的真正含意，解释话语的言外之意、弦外之音。

（二）格赖斯的合作原则

格赖斯于1967年在哈佛大学的讲座上做了三次演讲。他提出，为了保证会话的顺利进行，谈话双方必须共同遵守一些基本原则，特别是所谓“合作原则”。他认为，人们的言语交际总是互相合作的，谈话双方都怀着一个共同的愿望：双方话语都能互相理解，共同配合。因此，他们都遵守着某些合作的原则，以求实现这个愿望。

但是，格赖斯指出，在实际交际中，人们并不是严格遵守这些原则的。例如说话人一方可能说谎，而听话的另一方可能不觉察，竟然当真对待，这时谈话虽然可以进行下去，但结果导致不觉察的一方上当受骗。这样的谈话说明，说谎的一方违反了合作原则，而当真的一方却遵守着合作原则，并且误以为对方也一直遵守着合作原则。然而，谈话的一方不遵守合作原则，并不都是为了说谎的，有时他可能出于礼貌或语境的需要，说了一些违反合作原则的话。当另一方觉察到对方的话没有遵守合作原则时，他就要迫使自己越过对方话语的表面意义去设法领会说话人话语中的深层意义，寻求说话人在什么地方体现着合作原则，于是就产生了“会话含意”的理论。

格赖斯提出的“合作原则”的四项准则内容基本如下：

① 质量准则（The Maxim of Quality）

- 不要说自知是虚假的话（Do not say what you believe to be false）
- 不要说缺乏足够证据的话（Do not say that for which you lack adequate evidence）

② 数量准则（The Maxim of Quantity）

- 所说的话应包含为当前交谈目的所需要的信息（The words should contain the information needed for the purpose of the current conversation）
- 所说的话不应包含多于需要的信息（What you say should not contain more information than you need）

③ 关系准则（The Maxim of Relation）

- 说话要相关（Be relevant）

④ 方式准则（The Maxim of Manner）

- 说话要清楚、明了（Be perspicuous）
- 避免晦涩（Avoid obscurity）
- 避免歧义（Avoid ambiguity）
- 简练不啰唆（Be brief, avoid unnecessary prolixity）
- 井井有条（Be orderly）

格赖斯的合作原则和会话含意学说引起了语言学界的重视。有些学者高度评价这种学说，认为这是对语用学的一个重大推进。50多年来，这方面的研究经久不衰，成果不断，经过学者们的共同努力，格赖斯的合作原则和会话含意学说得到了补充和完善，成为语用学的一个重要领域。

1. 质量准则

质量准则关注的是话语或信息的真实性，要求人们说真话，即要提供真实信息，所说的话力求真实，尤其不要说自知是虚假的话，不要说缺乏足够证据的话。

在日常交际中，该准则被人们视为最重要的一条准则，违背“质量准则”往往与撒谎、说话人的道德联系在一起。

例文3.

代助：残酷と言われても仕方がありません。そのかわり、僕はそれだけの罰を受けていますよ。

三千代は不思議な眼をして顔を上げたが、「どうして」と聞いた。

代助：你说我残酷，我也没办法。其实我也受到了相应的惩罚呀。

三千代露出不解的神色抬起了头，问道：“为什么？”

（夏目漱石『それから』）

解析：这里，三千代把代助说的话当作是真情的吐露，在询问其事实根据。代助虽然爱三千代，但最终还是将她让给了朋友。后来，代助确实醒悟到了自己对三千代的爱慕之情，因而一直感到悔恨。他痛恨自己而做了上述表白，但是三千代不能理解代助自责的原因。表白真情，当然是要有相应的理由的。

2. 数量准则

该准则关注的是话语的信息量。要求说话人所提供的信息应是交际所需要的，而且，不要提供交际以外的额外信息。

例文 4.

背景：（枷をはめられて役人に引きたてられていく男に友人がたずねた。）

（有一个汉子戴着枷锁被官府的差役押送着，他的朋友问他。）

A：きみはいったい何の罪を犯したのだ?

你究竟犯了什么罪?

B：道を歩いていたら一本の縄が落ちていたので、つい拾ってしまったのだ。

走路时看到一根绳子落在地上，就顺便捡了起来。

A：縄を拾ったぐらいで、どうして罪になるんだ。

捡一根破绳子，怎么会判罪呢?

B：その縄の端に、ある物がついていたんだ。

那绳子的另一头儿，拴着一样东西呢。

A：ある物とは、何だね？

　　啥东西？

B：それが一頭の子牛だったというわけさ。

　　别提了，是一头小牛犊。

解析：对于A一开始的提问，B的回答明显是信息量不足，这就违反了数量准则，所以会诱发出A接下来的“怎么会判罪呢？”这样的提问。另外，B的“拴着一样东西呢”的解释因缺乏明确性，这也违反了方式准则。

例文5.

A：从哪儿来？

B：从北大荒，北京的北，大小的大，荒凉的荒，北大荒，这地名谁都知道。

解析：B的对话很明显违背了数量准则，他的回答过于烦琐，繁简不适，超过了足够的信息量。

小结：由以上两例可知，数量准则针对谈话中话语内容的详尽程度，准确地说是针对话语中包含的信息量。要求说话人该说多少说多少，不能多也不能少。

3. 关系准则

在关系范畴下，格赖斯指提出了一个准则，即对话双方所说的话是与话题相关联的内容。

例文6.

（夏天的下午，某家庭的一个场景，孩子放学回到家里。）

子供：今日は暑いなあ。

　　今天好热。

母親：冷蔵庫にアイスクリームがあるわよ。

冰箱里有冰淇淋。

解析：如要使这一对话具有关联性，就有必要补充推测部分“(もし暑くてのどが乾いているなら）冷蔵庫にアイスクリームがある（から、それを食べなさい)”(如果热觉得口渴的话，）冰箱里有冰淇淋（拿出来吃好了)。孩子关于“天热”的感想与母亲关于有冰淇淋的指示，本来是两个没有直接关联的话题项。

4. 方式准则

方式准则针对交谈中话语的表达方式。它要求交际主体说话要简明扼要，不含含糊糊，要清楚明白地说出要说的话，尤其要注意避免晦涩、歧义，应该简练、有条理。

例文 7.

行介：きぬ子さんが、四五日学校に見えないようだから、どうしたのかと思って、ちょっとお尋ねしました。

绢子好像四五天没来学校了，不知怎么回事，所以来问一下。

宇平：そうですか、じつは、なんですよ。あいつはちょっと、よそへ行きましたんでね…。

是吗？其实啊，是这么回事，她呀，到别的地方去了……

行介：「よそと言いますと」。

到别处去？

（山本有三『波』）

解析：行介在问自己班上的学生绢子的缺席理由，而把女儿卖为艺妓的父亲宇平却故意使用了“よそへ”（到别处去）这一暧昧不清的表达，所以受到了追问。也就是说，这破坏了信息传达必须明确的条件。

小结：合作原则的贡献在于为言外行为提供了理论依据，具有极大的解释力。它的最大价值不是遵守它，而是利用它，尤其是从反面来利用它达到交流的目的。

（三）准则的违反

至此，我们对跟合作原则的四项准则相抵触的例子该如何使用含意理论进行处理做了说明。然而，有的用法却是故意违反准则，从而达到传达某种言外之意的目的。即使是在现代意义理论中用强有力的真值条件语义学，也是无法解决的。针对这一点，却可以完美地发挥含意理论的实际效用。

1. 违反质量准则的场合

利用质量准则推导的会话含意，即故意违反“不要说自知虚假的话”这条次准则，而故意说些不符合事实的话，让听话人推导出会话含意。比如，一些使用反语、隐喻、夸张等修辞表达的话常常属于这种情况，通过公然主张虚假，可以引导出相反的推意。

例文 8.

A：日本の土地が狭ければ、富士山を削って琵琶湖を埋め立てればいい。

假如日本的国土狭窄的话，削平富士山来填琵琶湖不就行了。

B：君は本当に天才だよ。

你可真是个天才啊。

解析：这里的“天才”实际上意味着“傻瓜”，可以使人推意到与实际陈述完全相反的内容。即使把“君は天才だ”（你是天才）改成“君は優秀だ”（你很优秀）、“君は大思想家だ”（你是大思想家），也同样会使人推意出“君は馬鹿だ”（你是傻瓜）之意。

也就是说，即使设立“君は天才だ”（から、そんな無茶な考え方をするのだ）你是天才（所以才会有这样的荒唐想法）这样的原因句，在常识上也是不成立的。因此，如果将“君は天才だ”换成意义相反的“君は馬鹿だ”，其句意就是：

君は馬鹿だ（から、そんな無茶な考え方をするのだ）。

你是傻瓜（所以才会有那样的荒唐想法）。

这样分析的结果才容易接受。如上所述，相反理解所表现的词语的意义，就可以抓住对方的本意。称得上是讽刺挖苦之类的话，都是违背这一质量准则的。

如上例所示，在讽刺挖苦中即使采用同义词，其结果也会引导出同样的含意。因此格赖斯分析说，含意并非只限于句中的词汇意义，而是与句子的整体意义相关联的。

2. 违反数量准则的场合

故意违反“数量”方面的第二条准则：所说的话不应包

含多于需要的信息，以使听话人推导出其含意。

例文 9.

ご婦人がいくら仮面をかむっていてもだめで、女は常に女、つまり、痴愚です。

妇女不管戴什么面具都没有用，女人永远是女人，也就是说很愚笨。

解析："女人就是女人""孩子总归是孩子"的表达在逻辑学上表示如下，没有任何意义。

$$\forall x\,(W(x) \rightarrow W(x))$$

$\forall x$ 意为"关于所有的 x"，W（x）意思是"x 是 W"。在这一逻辑公式中，只说明"关于所有的 x，如果 x 为女人，则 x 是女人"，因此没有提供任何新的信息。但是根据伊拉斯谟（Erasmus）的推意，成了"女人是愚蠢的"之意。

在逻辑学上，被称为"同语反复"（tautology）的"孩子就是孩子"形式所表达的含意，可以认为是在以下过程中提取出来的。

例文 10.

子供は無邪気だ、聞き分けがない、わがままだ…。

孩子天真烂漫，分不清好歹，任性……。

解析：普通的孩子都具有这样的公认的属性，可根据语境，选出适当的特征。也就是说，当"p 是 q"的命题得到承认时，推意"p（是 q，所以是 q 的东西就）是 p"就产生作用。括号中的部分被省略，结果就产生了"p 是 q"的同语反复句。例如，我们可以从"孩子（是天真烂漫的，所以天真烂漫的）

总归是孩子”这一含有原因句的推意中，产生出“孩子总归是孩子”这种再次确认事实的说法。

例文 11.

あいつは来るかもしれないし、来ないかもしれない（から、どちらとも予測がつかない）—— という推意をもつ、と考えていい。

那家伙也许来，也许不来（所以，这两种可能都说不准）。

解析：“那家伙也许来，也许不来”的表达在逻辑学上是“p or-p”，也没有意义，但在语用学上却可以认为是有含意的。

3. 违反关系准则的场合

例文 12.

子供：お母さん、野球しに行ってもいい?

妈，我可以去打棒球吗?

母親：学校の宿題があるでしょう。

还有学校的作业吧?

解析：孩子希望得到母亲的许可去玩棒球，然而母亲却不提此事，将“作业”的话题搬了出来。这样就违背了关系准则。在这一对话中，母亲的回答“（你）还有学校的作业（所以没工夫去打棒球）吧”只表明了原因从句，含意是括号中的结果句。

例文 13.

A：美国把伊拉克总统萨达姆抓到了！

B：今天中午我们吃了辣子鸡。

解析：B 提供的信息与 A 的话语缺乏联系，即提供了无关信息，因此都违背了“关系准则”。

同时，违背准则可以隐含一定的含意。

例文 14.

A：社长的夫人是个丑八怪。

B：今天清爽宜人，对吗？

解析：B 的回答虽然违反了某种原则，却遵守了其他社交礼仪，体现了其做人的原则。

4. 违反方式准则的场合

故意违反“方式准则”之“避免晦涩”，会话双方故意晦涩，使在场的第三者听不懂，以此传达不可告诉第三者的含意。

特别是有意图破坏明确性这一条件的例子，例如只在自己人之间才通用的行话暗语就相当于此。井伏鳟二的『駅前旅館』(《站前旅馆》) 中，介绍了旅馆的掌柜所使用的行话。

例文 15.

（番頭が）「キャラが着いたか」と下帳に聞きますと、「着きました。ガマ連れだから、梅の間に通しておきました」と申します。芸者連れの客で、そのうちの一人は、「おそろしくハグイ玉だ」ということでした。

（二掌柜）问账房：“伽罗到了吗？”账房连忙回答说：“到了。他带着嘎玛，所以请进梅花房间了。”这是一拨带艺妓的客人，其中一个还是个“惊人的哈谷伊玉”呢。

解析：这里的“キャラ”（伽罗）是“客人”的意思，“ガマ連れ”（带嘎玛）是“带女人”的意思，“ハグイ玉”（哈谷伊玉）是“漂亮美女”的意思。

例文 16.

《我的爱情》之“我的爱人”

我曾企图诉说我的爱情，那无法诉说的爱情。

我曾企图诉说我的爱情，那不能告诉人的爱情。

我曾企图告诉我的爱人，说那无法诉说的爱情。

我曾企图告诉我的爱人，说那不能告诉人的爱情。

解析：诗人没有明确地突出其中任何一种，而是让听话人选择诗人愿意说、听话人愿意听的那一种。

小结：

① 人们在日常生活中，常常故意违反四项准则，从而推导出语用含意，让对方去体会自己的真实意图或是避免回答一些问题，从以上各个例句我们可以略见一斑。

② 一般来说，“会话含意”可分为两类：

一般含意——指说话人在遵守合作原则的某项准则时，在话语中通常带有某种含意。

特殊含意——有一方明显地或有意地违反合作原则的某项准则，从而迫使另一方推导出话语的含意。特殊含意是根据特定的时间、地点和人物而做出的一种推断。

几十年来，格式理论受到了语言学界的高度关注，合作原则的支持者认为，格式理论是语用学的分水岭，格式理论出现之前，语用学属于语言哲学研究的领域；格式理论出现以后，语用学才进入话语理解研究阶段。

合作原则是语用学中一个重要的理论，在日语中它却呈现出独特的表现方式。许多日语句子证明，遵守这个合作原则往往导致“失礼”及“语用失误”，违反合作原则却丝毫不影响语言沟通，反而更好地维护了人际关系，实现了成功交际。但这并不代表日本人在语言交际中的“不合作”，相反是更深层次的合作。即不是语义层面的合作，而是语用层面的合作，它是发话意图和态度的合作。

（四）含意的性质

例文17.

A：君は、今、お金をいくらもっている?

　　你现在有多少钱?

B：５千円あるよ。

　　有5000日元。

A：では、２千円貸してくれよ。

　　那借给我2000日元。

解析：在以上的对话中，当A听到B有5000日元时，自然可以从逻辑上推定B有2000日元，所以提出借2000日元是可能的。

例文18.

フィンランドの国旗は白と青だ。

芬兰的国旗是白色与蓝色。

解析：当听到这句话时，听话人会理解为其中不包含除白色与蓝色之外的其他颜色。事实上芬兰的国旗就是白底加上蓝十字构成的。如果含有其他颜色的话，必须要提到使用的其他颜色。如果没有特别的说明，可以通过推意理解为仅此而已。

作为会话含意的效用，格赖斯举了如下的例句加以详细的解释。

例文 19.

A：彼の銀行での仕事振りはどうだね。

他在银行工作得怎样?

B：よくやってると思うよ。仲間を良いてるし、まだ刑務所へは行っていないね。

我想干得不错吧。和同事们相处得不错，还没进监狱。

解析：从最后的“还没进监狱”中，以推意暗示了他是一个涉嫌有利用职务进行贪污的人物。太田朗（1980）虽然认为由于“まだ刑務所へは行っていないね”这一句中包含了“まだ”，因此会产生“彼は刑務所に入るだろう”（他有可能进入监狱）的含意，但又认为这句话具有本身产生的（语用性）含意。

这里，如果在B的发言中补上让步句的话，其推意的部分就很明确了。

（彼はいずれ刑務所に入るだろうが）まだ刑務所へは行っていない。

（他迟早要进监狱，但现在）还没进监狱。

另外，推意句“彼はいずれ刑務所に入るだろうが”（他迟早要进监狱）还可以如下所示，在让步性转折句中放入原因从句。格赖斯考虑的推意，即说话人与听话人本着合作的精

神互相推测的言外之意，似乎就是指这种原因从句。

（彼は罪を犯しやすい人物であるから）いずれ刑務所に入るだろうが。

（他是一个容易犯罪的人物，所以）迟早要进监狱。

总之，推意在能够用逻辑句进行推理的范围内仍然属于语言学研究的领域，但是如果设定极其特殊的语境，这种推理还是不成功的话，就超越了语用学的范畴。

小结：格赖斯对进行推意的过程设想了以下的顺序，因此提出推意是“可推导的”。

- 说话人遵守合作原则。
- 说话人根据合作原则，对于发言 p 保持推意 q 的意识。
- 说话人预测，听话人为了遵守合作原则，当听到发言 p 时能够假定出 q。

总之，说话人设想如果遵守合作原则，听话人也会推测跟自己相同的含意。

但是，听话人并不一定常常像说话人所想象的那样也会有同样想象。推意是具体情况具体处理的，并不是每个例子都有合理解释的灵丹妙药。语用学的任务，在于将会话的意义与其状况的对应关系公式化，了解其推意的功能。因而，听话人是如何推测与说话人相同的含意的，要弄清其过程。推意的机制是通过补充逻辑句理顺话语的前后关系，只有这样，合作原则才能得到遵守。

何自然（2006）指出，格赖斯会话含意可分析出五个特征：

① 可取消性——如果在原初的某一话语上附加某些前提，

某种会话含意就会被取消。

例文 20.

男：想来点儿咖啡吗？

女：咖啡会让我睡不着觉的。〈此会话的含意有三〉

解析：会话含意的取消如下：

- 我正好需要保持精神。
- 不要。
- 不要，我喝茶。

② 不可分离性——如果话语在特定的语境中产生了语用含意，那么无论使用什么样的同义结构，含意始终存在。

例文 21.

A：你认识（了解）李四这个人吗？〈语义的一般理解〉

B1：认识，他可是出了名的好人。〈整体评价其为人的角度〉

B2：认识，哟，就是那个小矮个儿。

〈针对最有特点的局部长相〉

B3：认识，一个好打抱不平的北方汉子。〈针对其局部性格〉

解析：从言行的整体——个性特点、长相特征、性格特征等方面来做出回答，B1、B2、B3 各个部分是一个不可分离的整体，可达到整体的理解。

③ 可推导性——听话人根据话语的字面意义和合作原则及其各条相关准则，推导出话语的含意来。

例文 22.

女：从上海到北京怎么走？

男：可以乘坐高铁。

解析： 男人的话语中显然也隐含着可以不乘高铁，还有其他交通工具的含意。

④ 非规约性——即会话含意和字面意义无固定的联系，它必须由推导而获得字面意义，在话语中是不变的，而语用含意却可能各式各样，随着语境的变化，含意也可以变化或消失。

解析： 具体规约性受制于民族文化、语言环境和共知信息。

⑤ 不确定性——具有单一意义的词语在不同的场合可以产生不同的含意。

解析： 具体确定性随语境的改变而改变。

（何自然《语用学概论》，2006）

钱冠连（1997）认为，合作不必是原则，其理由如下：

- 量的不必合作——说话双方提供的信息量不足，或是超出，却仍然使双方信息畅达。因为可以期待对方的补足；求简求省的需要；客观的剥夺。
- 关系上的不必合作——答非所问或话不对题，按说是违背合作原则之关系准则的，却依然使说话双方能相互配合下去，这是因为思路大跳跃、回避现象等造成的。
- 方式上的不必合作——原因之一是人类思维方式中的模糊思维的存在。它与精确思维是同时存在的，是科学的、正常的思维。不必以模糊思维为缺陷、为遗憾。这种思维方式反映在言语中，就会有方式上的模糊表达。原因之二，说话人心态不清楚。明明是不清楚、模糊、冗长、歧义与无序的言来语去，但交谈双方却可以沟通，这是一种微妙复杂的沟通方式。

- 功能假信息论——说话人若是释放功能假信息，就会有丰富的言外之意，这时窄式语用学的研究对象，那反而是最巧妙的合作了。

（五）尺度的含意

盖茨达（Gazdar，1979）注意到，在“热”与“温”这类语义上构成阶段的词汇和“优秀、良好、合格”这类表示档次的词汇之间，肯定低位的“弱”项，就会有暗示否定高位的“强”项的含意关系，将此命名为“尺度的含意”。

例如下面的有关温度的阶段性表达。

（强项）“热”　　　（弱项）“温”

丈夫一边喝茶一边对妻子说“喂，这茶温了”，这时就含有“不热了”的责备意思。强调弱项就含有否定强项的含意。

再比如，向朋友打听英语成绩时，如果回答说是B，根据尺度的含意就可以知道不是A。

（强项）优（A）　　（弱项）良（B）

例文23.

男：你爱我吗？

女：我喜欢你。

解析：理解量原则的基本思路：以弱否定强或者说弱听不出强。

理解信息原则的基本思路：少说多听。

理解方式原则的基本思路：怪异必有其故。

（六）规约含意

以上所介绍的含意均与句子的意义有关，属于称之为会话含意的类型。此外，还有一种与单词有关的含意。这是特定的单词所具有的，叫作规约含意（conventional implicature）。以下举两例来看。

● 否定句中“が”的用法

例文 24.

三郎が来なかった。

三郎没来。

解析：推定：三郎没来。

含意：三郎以外的人来了。

●“さえ”的用法

例文 25.

三郎さえ合格した。

连三郎都及格了。

解析：推定：三郎及格了。

含意：三郎及格的可能性最小。

二、实例分析

素材简介：选自 2010 年 NHK 的日剧『天使のわけまえ』

(《天使的赠礼 / 天使之享》)，该剧讲述了 35 岁的大龄女青年久留米被未婚夫卷走全部财产，失去了家人、工作、钱财、恋人，但她在自己烹饪的料理中发现了巨大魅力，找到了人生新方向的故事。

（一）违反质量准则

和：俺、訳があってさ…しばらく東京を離れる。

我有点儿事要离开东京一段时间。

久留米：離れるって？

离开？

和：それで今夜久留米を訪ねていく男の子がいるから…少しの間、預かってもらいたいんだ。

而且，今天晚上会有一个男孩子来你家……我想托你照顾一段时间。

文本分析：小和在电话中跟久留米说自己有事要暂时离开东京，其实是借和久留米结婚为由，骗久留米出钱一起买房子，然后卷走钱财后借机逃走不再回来。该对话中“我有点儿事要离开东京一段时间”违背了合作原则中的质量准则。质量准则要求说话人提供的信息必须是真实的，不要说自知是虚假的话和缺乏足够证据的话，但小和的这段台词存在明显的欺骗意图。

（二）违反数量准则

久留米：もしもし！

喂！

和：もしもし、久留米？

喂，是久留米吗？

久留米：和くん！どうしたの？私今日、一日中あなたのこと…

小和你怎么了？我今天一整天都在为你……

文本分析：数量准则要求说话者所说的话包含交流所需要的信息并且不应包括超出需要的信息，这里久留米并没有回答小和提出的问题，而是问了小和今天发生了什么事，这一回答没有向对方提供交流所需要的信息，并且超出了对方需要的信息。

（三）违反关系准则

久留米：ちょっと待ってよ！行くって、どこへ？

你等一下！你要走吗？去哪里？

和：久留米、愛してるよ！

久留米，我爱你！

文本分析：关系准则要求说话时前言后语要相关联，但小和的回答与问话没有丝毫关联，由此可以看出小和想转移话题，他不能告诉久留米他要去哪里，也不能让久留米知道他骗了她，所以请久留米不要再问了。

（四）违反方式准则

和：それで今夜久留米を訪ねていく男の子がいるから…少しの間預かってもらいたいんだ。

今天晚上会有一个男孩子来你家……我想托你照顾一段时间。

久留米：どういう事？

这是怎么一回事？

和：うん。だから…

嗯，就是……

久留米：どういう事なのよ！え？誰か来た。

究竟是怎么回事！咦，有人来了。

文本分析：方式准则要求说话要清楚、明了，避免晦涩和歧义，小和的回答支支吾吾，并没有爽快地告诉久留米是什么事，由此可以看出他不知道该如何把他有一个孩子、并且想要久留米帮他照顾孩子这件事告诉她。

第五章　关联理论

一、相关概念

（一）关联理论的起源

由斯珀伯（Sperber）与威尔逊（Wilson）在《关联性：交际与认知》中提出的关联理论是以关联性概念与关联原则为基础来分析言语交际中的话语理论。

关于认知和知识的形成，可从柏拉图著名的对话“Meno”做一思考。其中讲到苏格拉底考问一个奴隶几何知识的故事：苏格拉底在穷追不舍地向一个处于社会底层的奴隶提问，可怜的奴隶疲于应付，而苏格拉底经过不断提问式启发，终于成功地让那个奴隶弄清楚了边长为4尺的正方形面积是16平方尺，同时向奴隶的主人证明经过学习和指导，这个奴隶是可以具备进行各种几何关系换算的认识和知识的。

这段对话，记录了人类历史上也许是最早的一次对于知识的本质的反思：知识从何而来？由什么组成？在人的心智中以何种方式再现？我们从中甚至可以窥视一个关于知识的理论雏形——不管它正确也好，错误也好。

今天，新一代的认知科学家们站在前辈的肩膀上，循着新的视角，仍在试图解答2500年前令苏格拉底和柏拉图困惑的问题：什么叫作有知？什么叫作无知？什么是正确的知识？什么是错误的知识？大致说来，认知科学家们的研究对象有两个：一是被人类所认知的，即外部世界中的客体；二是认知外部世界的人，包括人的感知系统、学习机制、记忆和理性等。

知识的本源是什么？知识怎样被储存？怎样被标注？又怎样会丢失？聪明人与蠢笨的人之间有怎样的差别？什么样的人学习起来得心应手？什么样的人学习特别费劲？这些都是吸引着现代认知科学家们的问题。

语用学研究的两个主题就是话语的生成与理解。格赖斯会话含意理论以说话人为出发点，提出了意向性交际，设想说话时遵守合作原则，并设想在违反合作原则时听话人要推导出话语含意。后来，在利奇（Leech）、列文森、霍恩（Horn）等人的研究中，有关含意推导的话语认知理论得到了进一步的充实、修正和发展。在这些理论模式中，影响较大的是《关联性：交际与认知》一书中的关联理论。该理论提出至今，介绍、应用它的论文、专著不断面世。

英国伦敦大学学院（UCL）还专设了“关联理论网上通讯”，就认知语用学的一些重大问题展开讨论与交流。目前，关联理论、认知与话语理解等都是语用学界在国际互联网上集中讨论的主要问题之一。总的说来，它是近年来给西方语用学界带来较大影响的认知语用理论。该理论将语用学的重点移到了认知理论上，并给语用学带来了新的研究热点。

（二）关联理论的原则

1. 重要观点

关联理论从认知的角度对明示推理交际做了较为系统的阐述，描述了人们对每个话语的认知过程和话语本身与语境的关联性。关联理论认为，在交际过程中，交际双方不需要考虑合作的问题，人们具有关联的直觉，而交际是以关联为取向的。

例文 1.

A：今、何時ですか。

现在几点了？

B：今、８時半ですよ。

现在 8 点半。

解析：一般情况下，说话人会取相对小的整数来表达，而不会说，现在是 8 点 28 分 18 秒。这样会给听话人增加负担，达不到最佳的关联。同时，人们在理解话语时通常选择与自己的认知语境有关联的理解。

关联理论认为，任何话语都是有关联的，话语的理解过程就是寻找关联的过程，在较小的语境中找不到关联，就得借助大一些的语境，直至找出话语的关联，使话语在这个语境中具有语境效果。语境效果，就是话语所提供的信息和语境之间的一种关系，它对描述关联是至关重要的。

斯珀伯和威尔逊在“内容条件”上对关联性做了如下的

定义：

条件 1：如果一个命题在一个语境假设中的语境效果大，那么这个命题在此语境中就具有关联性。

条件 2：如果一个命题在一个语境假设中所需的处理努力小，那么这个命题在此语境中就具有关联性。

这就是说，

①在其他条件相同的情况下，语境效果越大，关联性越强。

②在其他条件相同的情况下，处理话语的努力越小，关联性越强。

2. 关联的程度

斯珀伯和威尔逊认为，关联的程度取决于话语所具有的语境效果和处理话语时所付出的努力这两个因素。然而，语境效果并不是随意可以获得的，即使付出一定的处理努力，也不一定就获得足够的语境效果。付出了处理努力的话语是否获得语境效果，取决于以下三个因素：

- 话语是否复杂
- 语境是否明确
- 在特定的语境中为获得足够的语境效果而进行推导时付出努力的大小

如果话语本身复杂，语境不明确，即话语同语境假设之间的关联小，付出的处理努力就大，语境效果也就小。如果话语本身不复杂，语境比较明确，即话语同语境假设之间的关联大，付出的处理努力就小，语境效果也就大。

例文 2.

A：What time is it?

现在几点了？

B1：It's ten o'clock.

现在 10 点钟。

〈答其所问，B1 的断言行为，告知具体时间。〉

B2：The postman has come.

邮递员来了。

〈答非所问，提出关联信息。〉

解析：显然，理解 B1 时不需要多少推导，即所需要的处理努力小，因为它的语言本身不复杂，与 A 的关联性大，所以，话语的语境效果也就大。听话人面对 B2 时，情况就不一样了。他要处理该话语，就得调用较多的语境假设，要费较大的努力才能获得语境效果，最后才能理解话语：现在究竟是什么时间了。如果在听话人的认知语境里，没有"邮递员每天大约什么时间来"的旧信息，他就无法知道现在是什么时候了。

例文 3.

A：我抽烟你介意吗？

B：你就像在家里一样好啦。

解析：例文 3 是不完全关联，而且关联性很差，属于弱关联。B 本应该回答"是"或"否"，但说了一句模棱两可的话，可做出对抽烟介意或不介意这两种相反的解释，因而偏离了 A 的询问。假设在 A 的认知环境中，在家里妻子是不允许他抽烟的，那么，A 就认为 B 不允许他抽烟。即“照样不能抽！”

这种弱关联的话语，受语境的影响很大，需要借助特定的认知环境才能推导出来，所产生的是特殊会话含意。

很多学者曾经从不同的角度对“关联”或“关联性”这一概念进行过解释。在 20 世纪 70 年代，该概念普遍出现于形式语义学理论中，在讨论语义 / 语用关联时也有所涉及，但人们很少成功地将它用于语用研究之中。在话语或会话分析中，关联被视作一系列命题与话语主题之间的一种关系，它对话语的意义连贯与交际的成功起着重要作用，这一定义其实也隐含在格赖斯的合作原则之关系准则中。

斯珀伯和威尔逊在 20 世纪 80 年代中期根据话语的注意焦点对关联进行了新的解释，认为关联信息就是那些值得听话人注意的信息，人类认知是以关联为基础的，每一个明示的交际行为一开始就要求对方加以注意，在正常情况下听话人只会注意那些关联的信息，即那些不需要付出太多努力就会丰富自己语境假设的信息。

关联原则包括：

①认知原则，即人类的认知倾向于与最大程度的关联性相吻合；

②交际原则，即每一个话语（或推理交际的其他行为）都应设想为话语或行为本身具备最佳的关联性。

在关联理论中，关联性被看作是输入到认知过程中的话语、思想、行为、情景等的一种特性。

（三）关联性的演绎法

斯珀伯和威尔逊认为，人们在语言交际中使用的主导推理形式是演绎法，“人脑自发地运用的逻辑法便是演绎法”，而这种演绎法是“非论证性的”。论证性的推理过程是纯粹的形式推理过程，在此过程中，前提的命题在语义上是完整的，只要命题真实，且遵循推理法则，推理得出的结论的有效性是有保障的。

例文 4.

彼は水か牛乳か飲みました。

他喝了水或者牛奶。

彼は水を飲まなかったです。

他没有喝水。

彼は牛乳を飲みました。

他喝了牛奶。

但“非论证性推理”却不同，它是按一定的思维规律集语言和非语言知识于一体的过程，是日常生活中人们所做的比较随意的推理，这个推理所得到的结论不具有确定性，在某个语境中这个结论可能是正确的，但换一个语境，它可能就不正确，可以被取消。

例文 5.

A：电视上有什么节目？

B：没有。

解析：在通常情况下，听话人会把B的话语理解为“电视上没有好节目”或“电视上没有什么值得一看的节目”，而不会理解为“电视停播，没有电视节目”。换一种情形就不一样了。

例文5：

A：电视上有什么节目？

B：没有。电视发射塔出了故障，还在修理。

解析：那么，前面得出的结论“电视上没有什么值得一看的节目”就被取消了。这就是非论证性推理和论证性推理的主要不同之处。

但是，推论规则难道只能起到如此消极的作用吗？不，应该认为这种推论规则是具有积极的能力。说话人根据这些消除规则，避免表达变得冗余，切断臃肿的句子，仅仅提供部分主要的内容。而听话人也最好根据相同的顺序，从听到的部分内容还原到话语的整体。

关联性理论建立了关联性原则，该原则主张所有的说话现象都可以还原到这里，我们注重构筑理论，在语言事实的说明上，我们还欠缺一个明确性。还是格赖斯确立的四项原则正确地指出了语言现象的局面。

（四）推理和语境

总而言之，推理是听话人一方梳理和推导逻辑句子，复原说话人省略的语言部分，基于这些工作的结果，力图察知说话人说话的原本意图。在这种过程中，格赖斯的协调原则被很好地遵守。并且，在弥补缺陷部分的时候，仅仅依靠逻辑句的推论是不够的。也有必须导入共有知识和背景知识填补的情况。说话人一方，是基于听话人具备这些知识的预测来进行省略行为的。如果听话人缺乏这些信息，推论将陷入僵局，就必然会被对方追问“为什么呢？”这种状态被称作是推意的“瓶颈”。

然而，展开关联性理论的斯珀伯和威尔逊，将“语境效果大和处理努力小”之间的平衡性确定为关联性这个概念。即如果语境的分量增大，也要花费使用假设的成本，这些假设用于解释言语行为。一般认为，如果能增加这样的推论工夫，新信息的关联性就会减少。

在关联性理论中，斯珀伯和威尔逊将所存储的信息分成以下逻辑信息、百科信息、词汇信息三种类型。

小结：如上几个例句的解析，总结起来可以归纳为下面的公式：

句子的整体意思＝句子的字面意义＋句子的言外之意

句子的言外之意，涵盖有指示内容、含意、预设、言语行为中的具体行事内容。以句子的字面意义为线索，运用逻辑句的推论，补充说话人省略的部分，接近句子的整体意思时，在呈现出来的意义中，根据这样的推论被复原了的句子内容就相当于“含意”。

但是，为了推导出恰当的含意，必须具备下面三种知识。

- 语境知识

- 共有知识
- 背景知识

所谓语境知识，指的是进行对话的语境相关的知识。一般情况下，根据语境知识进行逻辑句的推论，句子的含意得以形成，这被称为“直接推论”。与此相对，如果不使用共有知识和背景知识，逻辑推论不成立的情况称为“间接推论”。即按语境知识、共有知识、背景知识的顺序推论增加了间接的程度，变得复杂起来。

听话人根据说话人给出的句子的意思，通过推论努力动员语境知识、共有知识、背景知识，将被说话人省略了的部分复原出来。这些被复原的内容就是“含意”。这样一来，日常谈话中所进行的省略和复原，就是通常的推意作用。

与此相对应，关于违反原则的表达，因为在正常的推论中无法得出含意，修正推论的方法和内容，有时候可尝试让对方反驳，试图得到关键部分的含意。如果不得已出现这种异常推断作用的情况，听话人对说话人违反会话原则的理由很关心，故意用偏离的表达来察觉说话人的意图。

二、实例分析

素材简介：选自日本TBS电视台2016年播出的爱情喜剧『逃げるは恥だが役に立つ』(《逃避虽可耻但有用》)。该剧讲述了女主角森山实栗在职场上接连碰壁，因种种原因而失业，遇上了“高龄处男”的IT人士津崎平匡，随后两人展开一场契约婚姻，由工作关系逐步发展为恋人的故事。

（一）推理和语境

森山：問題なかったのでサインしました。

因为没有问题，所以我签了字。

津崎：了解です。ここに入れておきます。

我知道了。放在这里面。

森山：はい。

好的。

文本分析：这段对白中森山在契约书上签了字，然后递交给津崎。津崎说“我知道了”，由此可以看出津崎知道森山已经同意了二者的结婚契约，否则森山不会在契约书上签字。

（二）关联理论的观点

森山：周りを説得する自信がないから、普通に結婚のふりをするって、逃げといえば逃げだし。

因为我没有信心说服周围的人，假装正常结婚，算是一种逃避吧。

津崎：逃げたっていいじゃないですか。

逃避不也很好吗？

森山：えっ？

哎？

津崎：ハンガリーにこういう諺があります。「逃げるのは恥だけど役に立つ」。

匈牙利有句俗话："逃避虽然可耻，但是很有用。"

森山：役に立つ？

有用？

津崎：後ろ向き選択だっていいじゃないか。恥ずかしい逃げ方だったとしても、生き抜くことの方が大切で。その点においては異論も反論も認めない。

背向选择不是挺好吗？就算逃跑的方式很丢脸，但活下去更重要。这点无可厚非，也无从反驳。

森山：逃げるのは恥だけど役に立つ。

逃跑虽然可耻，但是很有用。

津崎：はい。

是的。

文本分析：森山对津崎说假装正常结婚这种情况，没有说服周围人的自信，能逃避的话就会逃避，津崎对此产生了相同的认知效果，赞同了森山的观点，说"逃避不也挺好吗？"，由此二者的谈话就具有了关联性，接着津崎又进一步提出了自己的观点："就算逃跑的方式很丢脸，但活下去更为重要。"

（三）关联的程度

風見：僕から見て津崎さんとみくりさんは、理想の関係のように思います。契約結婚ですよね？給料の発生する。

在我看来，津崎和实栗很般配。你俩是契约结婚吧？给工资。

津崎：職場で話す話ではないので。

有些话不适合在工作场合说。

風見：そうですね。じゃあ、外で、今晩。

是啊，那就去外面，今晚。

津崎：こッ…

这……

風見：津崎さん。

津崎。

文本分析：津崎的后辈风见发现了津崎和森山是契约结婚，然后向津崎求证，津崎听到后有些吃惊，但是他并没有明确回答风见的问题，只是支支吾吾地说“有些话不适合在工作场合说”，这一答复属于弱关联的话语，受语境的影响很大，需要借助特定的认知环境才能推导出来，产生的是特殊会话含意。如果没有语境的话，仅凭这一句话我们可以理解为二者可能是契约结婚，也可能不是契约结婚。

第六章　言语行为

一、相关概念

（一）引语

长期以来，学语言的人通常多关注语言的语音、语调、语法规则，用词来遣词造句，以为这样就学会了语言。但是，实际生活中，话语内含意比语言表面的意义要广义得多，所以，语用学的学习就显得十分重要。有这么一个对比性例子：

例文 1.

母亲说：我老——了！　　〈忧伤地〉

儿子说：我老了！　　〈沉重地〉

孙子说：我老了！　　〈升调〉

解析：你觉得祖孙三代人说的意思是一样的吗？你会做出怎样的揣度呢？

一起来看几个句子。

陈述句：表示信息陈述或断言的句子

“我昨天回家了。”

疑问句：表示疑问的句子

“你不想参加论文答辩吗？”

祈使句：表示命令或请求的句子

“把东西搬进来！”

解析：结合下面的 A 和 B 的对话再来看看，或许这些不同类型的句子在会话中更显意义。

①A：昨天陈老师来找过我吗？

B：我昨天回家了。

②A：老师，我想过几天交论文。

B：你不想参加论文答辩吗？

小结：所谓言语行为，即“言语者行为也”。

西方语言哲学的日常语言学派认为：“人的一切思想和行动都从字面上表露出来。”英国语言学家斯特劳森（Strawson）曾经对语言的本质如此说道：“我们要区别语言、词句，就要区别语句的本身和使用。”

再看下面的例子：

例文 2.

フランスの王様は利口な王様です。

法国的国王是聪明的。

解析：这句话无论从逻辑上，还是从语义上来说，都是错的，是一个不存在前提的假的命题，因为法国根本没有国王。

但是在一定的语境中，比如：谈到历史，或者戏剧的时候，这句话又是可以成立的。

从语用学的角度来看，这个句子是合适的，语句本身在一定的语境中具有意义，所以，语句的使用是合适的。

（二）言语行为的起源

1. 言语行为

就是人类行为中使用语言进行交际的行为。世界由一系列的事件组成，其中有一种事件具有如下的构成：一个发话人处于某种意图构建和发出了一段口头或书面的话语，另有一个或一些听话人接受并理解了这一话语，从而做出与发话人意图一致或不一致的反应，这样的事件就是一个言语行为。

言语行为理论源于语言哲学家奥斯汀（Austin）关于语言具有行事功能这一哲学思想。

奥斯汀在美国哈佛大学做了一系列的讲座（共 12 讲），题为《论言有所为》（How to do things with words?）。在这一系列有关"言有所为"的论述中，他推翻了认为逻辑－语义的真值条件是语言理解的中心这个观点，并提出了两大话语：言有所述（有所述之言）和言有所为（有所为之言）。奥斯汀认为前者涉及句法和逻辑－语义的问题，后者却以语境为转移，是语用问题。

不过，"言语行为"四个字并不是由他本人创造的。奥斯汀先生只活了 40 来岁，他去世后，他的一名学生艾姆森（Emson）将老师的资料收集起来，编成了一本书，后来的语言学家才给加上了"言语行为"四个字。

2. 言语行为的表现方式

（1）通过逻辑–语义表现言语行为

例文 3.

今天是星期天。　〈陈述〉

昨晚下雨了吗？　〈询问〉

走，回家！　〈命令 / 指使〉

（2）通过句法结构表现言语行为

疑问句结构间接表示“请求”“建议”“邀请”“批评”等言语行为。

例文 4.

可以给我倒杯水吗？　〈请求〉

能不能叫一下王老师？　〈请求〉

你不能安静一点儿吗？　〈责备 / 愤怒 / 请求〉

（3）通过语境信息表现言语行为

在合适的前提下，言语行为可以依靠共知语境，比如说话人与听话人之间共知的语境信息或百科知识，通过语言形式表现出来。

例文 5.

我没有带钥匙。　〈否定〉

（4）通过感情意义表现言语行为

带有“克制”感情的话语多用于表达含蓄的“赞许”“批评”“评价”“同情”等言语行为。

例文 6.

A：王五这个人真麻烦。〈批评 / 评价〉

B：不过，他是领导啊。

A：隔壁小孩儿又把咱家的窗户玻璃打碎了。〈抱怨〉

B：小孩儿就是小孩儿。

小结：言语行为理论是语用学研究的一个重要的理论，它旨在回答语言是怎样用之于"行"，而不是用之于"指"这样一个问题，体现了"言"则"行"这样的语言观。

（三）言语行为和行事动词

向田邦子在一篇随笔中提到"いただき"这个词，小时候她常被呵斥——在父亲之前拿起筷子吃饭时，要说"お先にいただきます"（我先开吃了）。

"有一次，在某个电影院的厕所排队等待如厕，好不容易轮到我的时候，照以往的习惯，我赶紧转过头去，对身后那个在微微颤动着身体的十七八岁的女孩子说了一句'お先に'（我先上了），说时迟那时快，女孩子一把推开我，飞也似的钻进了厕所间。这是哪档子事呢？我要说的意思是'お先に失礼します'（我先进去了），并不是在说'お先にどうぞ'（你先请）啊。类似这样的理解错误，我们在生活中经常会经历到。"

例文7.

A：お先に（失礼します）。

我先告辞。

B：お先に（どうぞ）。

你先请。

解析：A例是说话人向听话人通告：我要在你之前做某件事，B例则是说话人劝听话人先行做一件事。的确，如果省略了括号里的内容，在排队等候入厕的场合，A、B两例的意思都可以被采纳。因此，在这一表达中，正是被省略了的部分，在传达信息时起着重要的作用。

换句话说，

- お先に（～することをお伝えする）［相手を通告する］〈通告对方〉
- お先に（～することをお勧めする）［相手を勧告する］〈劝告对方〉

括号里表达的内容，是说话人向听话人发起的行为，这种机能就称为“言语行为”。

在语言传达时，说话人不仅通过言语给予听话人某种信息，而且，通过该言语所具有的言语行为，对听话人产生某种影响。所以，如果说话人说出一句话，听话人会对此做出不同的反应。

- 如果是陈述句，听话人会对此做出是否注意听了，或是明白了的暗示。
- 如果是疑问句，听话人则有对此做出回答的义务。
- 如果是命令句，听话人将被迫按照所指示的那样去做。

这样一来，言语对于听话人来说，具有某种力量（force）。

例文 8.

必ずそこへ行きます。

我一定去那里。

解析：上例从语法上讲虽是一个陈述句，但是，对听话人具有一种约束。因此，可以改换成以下说法：

例文 8'.

そこへ行くことを約束します。

我承诺去那里。

解析：也就是说，在例文 8 的陈述句中，做出了“去那里”的“承诺”，即做出了“承诺”的行为。这种行为就叫作“言语行为”（speech act）。

例文 9.

Shut the door.

ドアを閉めなさい。

解析：像表示言语行为的例文 8' 中的“承诺”（約束する），以及例文 9 中的“命令”（命ずる）那样，施行某种行为的动词叫作“行事动词”（performative verb）。这类行事动词多如例文 8、例文 9 那样被省略，偶尔才会明示。

类似明示的行事动词，我们在书信中经常会见到。例如：

例文 10.

祝賀会にご出席くださいますようお願いいたします。

敬请出席庆祝会。

解析：例文中使用了“お願いする”这个被明示了的行事动词。

再如，在向朋友借钱时所说的“頼む、5千円貸してくれ”（求你了，借我5000日元），行事动词“頼む”醒目地立在句子开头。女人们经常挂在嘴边的“お願い、やめて”（求你了，别这样）也采用了同样的形式。

每到选举的季节，候选人常常会乘车到处巡回并高声呼喊：“お願いします，お願いします”，这种时候，应该说：

例文11.

（わたしに投票することを）お願いします。

请投我的票。

解析：然而，关键的说话内容被用推断的形式省略了，只是反复地重复行事动词部分。

总而言之，通过复原潜在的行事动词，可以清晰、准确地把握言语行为。另外，在句子的言外之意里，当然同样包含这种言语行为。

小结：言语行为理论的创始人是奥斯汀。哲学家历来所持的一种假设是：陈述之言的作用或是描述事物的状态，或是陈述某一事实，两者必居其一，别无他用。而陈述之言所做的描述或陈述只能是真实或者是谬误。奥斯汀虽然是个哲学家，但他对哲学界语言研究中的这种传统的观点提出了怀疑，他认为“许多陈述之言只不过是‘伪陈伪述’，人们所说的许多话语貌似陈述，但他们根本不以坦直地记述或传递有关事实的信息为目的，或者仅是部分地以此为目的。”

（四）言语行为的分类

“発話行為”就是“言之发”的意思，即以言指事，包括发出声音 X_0 和组成词语 X_1。发出声音并不都组成词语，猴子可以发出一个类似“go”的声音，但这不能说它会说英语的“go”；医生为检查喉咙而要求病人发出的声音，尽管与英语的感叹词“Ah”很相近，但它不是，因此并没有什么意义。所以，这时发出的声音就是 X_0。

X_1 包括了有意义的词汇，也包括了组词成句的语法，同时也涉及语调。“言之发”，即以言指事，或者本身就是“示言外之力”，即“以言行事”。关于这一点，我们可以通过以下的例子加以说明。

有一则法国笑话：旅馆的某个房间响起一阵激烈的敲门声，屋内的女人神色惊慌地对同来的男伴说：

例文 12.

A：糟了！是我老公找上门来了！喂，你赶快从窗子跳出去！

B：你不是开玩笑吧？这里可是 13 楼呀！

A：你这是怎么啦！现在可不是讲究数字凶吉的时候！

解析：男人立足于“这里是 13 楼（跳下去会死的）”的推理，而女人则以另一种推论“（紧要关头）不是讲究（13 这个）数字的时候”来做出反驳。男人出于认识论的推论，与女人基于基督教文化的推论相冲突，由此引发出这则笑话。

最初提出言语行为的奥斯汀将言语行为分成三个阶段：

- 言内行为（locutionary act）：发出某个具有特定意义和指示句子的行为。
- 言外行为（illocutionary act）：通过“说话”来实施陈述、承诺、命令、请求等行为。
- 言后结果（perlocutionary act）：通过“说话”对听话人施加某种影响的行为。

以例文 12 的笑话为例，女人对情人说的那句“快从窗子跳出去”（即发出言内行为），向听话人发出了一种请求（言外行为），让男人十分为难（言外结果）。

奥斯汀将下列公式适用于言外行为：

In saying X, I am doing Y.

在刚才的笑话里，“快从窗子跳出去”为 X，“从窗外跳出去”就是请求 Y 了。接下来，关于言后结果，他提出这样的公式：

By doing Y, I am doing Z.

也就是说，通过“从窗子跳出去”的请求（Y），让她的情人为难（Z）了。总之，言后结果就是通过言外行为所带来的结果。但是，言外行为并不直接与言后结果发生联系。在当时的情形下，女人哪怕对情人说上一句“我老公！你怎么办？”，就足以让男人惊恐万分了。

小结：

言内行为——指的是“说话”这一行为本身，它大体与传统意义上的“意指”相同，即指发出语音、音节，说出单词、短句和句子等。这一行为本身并不能构成语言交际，但在实施这个行为中，我们通常实施了一个言外行为，有时还同时实施了言后行为。

言外行为——是通过“说话”这一动作所实施的一种行为，人们通过说话可以做许多事情，达到各种目的，如传递信息、发出命令、威胁恐吓、问候致意、解雇下属、宣布开会等等。这些都是通过言语来完成的动作。言外行为寄寓于言内行为之中。

言后行为——是指说话带来的后果，例如，通过言语活动，我们使听话人受到了警告，或者使听话人接受了规劝，不去做某件事，或者使听话人去做我们想让他去做的事情。

在这三种言语行为中，语用研究最感兴趣的是言外行为，因为它同说话人的意图一致。

说话人如何使用语言表达自己的意图，听话人又如何正确地理解说话人的意图，这是研究语言交际的中心。

言语行为具有以下语用特征：

- 实施言语行为应该具备某些条件，才能称为恰当的行为。
- 言语行为的实施可以借助一定的（施为）动词，比如“警告、请求、劝告、打赌、道歉、提醒、保证、宣布”等。
- 言语行为也可以通过间接方式实施，这类话语称为间接言语行为。
- 言语行为可能对听话人产生一定影响或后果，也就是说，特定语境中言语行为具有语用取效功能。

（五）恰当条件

1. 言语行为的恰当条件

奥斯汀（1962）指出，通过行事动词表达的言语行为，在适合的情况下，如果不按照一定的程序，将是无效的。他把这种规则称作“恰当条件”。

如果不遵循这些恰当条件，言语行为就是不恰当的。再说上面引用的那则“讲究凶吉”的笑话，从13层楼的窗口跳出去是不可能的，所以，是不恰当的请求。尽管凭经验知道是不可能的，但无视这点，借口13这个数字不吉利，显然是说话人的疏忽。

出于逻辑认知的推论，就如说话人所预料的那样，在听话人不能推断的情形下，往往潜伏着产生人间悲喜剧的因素。为使言语行为具有正当效力的条件，并不都只限于礼节性的活动。

（1）陈述句和主张句带有真实的情况，是当你觉得对听话人而言信息不足所应该进行的行为。如果明知道对方清楚地知晓，还要反复陈述的话，就会让人感到“絮叨”或是“厌烦”，而不被接受。

例文13.

我告诉你，广州是中国的南方城市。　　〈主张〉

这是今年最新版的电子词典。　　〈陈述〉

美国经济大萧条！

（2）疑问句，适用于说话人一方缺乏必要的信息，而且认为听话人了解的场合。自己知道的事情，却故意问对方，必会遭到责备——“你明明知道，干嘛还问?!”询问非常清楚的事情，只限于在教室里老师对学生的提问，以此来确定知识的有无的时候。

例文 14.

日本では、桜、もう咲いていますか。

日本的樱花开了吗?

桜の満開は、何月ですか？

你知道日本樱花盛开是在几月份?

（3）请求表现，在说话人认为听话人的行为很有必要，并且认为对方具备执行该行为的能力时具有效力。

例文 15.

先生：お母さんを、学校へ呼んできてください。

老师：叫你的妈妈来一趟学校!

（4）承诺表现，一般用于说话人有意图去实行对于听话人来说必须的某种行为，而且，也具备这种能力的时候。忠告，则是在说话人相信要求听话人所做的行为，将来是为了对方的利益的场合时有效。

例文 16. 我保证：我会爱你一辈子!

小结：说话时同时实施三种行为：

- 言内行为
- 言外行为
- 言后行为

语用学研究最感兴趣的是言外行为，它同说话人的意图一致。

2. 言语行为的类型和条件

（1）言语行为的四个条件

- 预备条件：听话人具备行为能力。
- 诚实条件：说话人希望听话人做此行为。
- 命题条件：说话人言及听话人将要做的行为。
- 本质条件：说话人使听话人知道自己想让他去做此行为。

不同的言语行为，通常会伴随着不同的恰当条件。

① 感谢行为的恰当条件

理论框架规定，言外行为必须满足一定的恰当条件，才能作为恰当的行为得以成立。

例文 17.

ご協力をいただきありがとうございました。

谢谢您的帮助。

明日来てくださるとのこと、誠にありがとうございます。

明天您能来，真是非常感谢。

A：ご合格おめでとう。

　　祝贺你考中。

B：ありがとうございます。

　　谢谢。

ほんとうにお世話になりました。

真是谢谢您的关照。

いろいろご教示いただきまして。

谢谢您多方指教。

② 感谢行为的预备条件

一般与说话人对命题内容的评价态度相关联，是处理该命题内容是否恰当等问题的。满足预备条件的典型的表现不是言及感谢的对象，而是说明："あなたの行為が私に利益をもたらした"（你的行为为我带来了利益）。

例文 18.

たいへん助かりました。

真是帮了我大忙了。

おかげさまで。

托您的福。

③ 感谢行为的诚实条件

例文 19.

A：もう一杯、どうぞ。

请再喝一杯。

B：ありがとう。

谢谢。

解析：要满足诚实条件，说话人要向对方表达真实的、由衷的"喜悦"。

例文 20.

おいしい料理のお礼を申し上げます。

感谢您的美味饭菜。

本日私のためにこのような立派な歓迎会を開いていただいて、本当に嬉しく思っています。

今天特意为我举办这么豪华的欢迎会，真的非常开心。

④ 感谢行为的本质条件

言外行为从根本上调整其构成条件时所必须遵循的规则，以言及诚实条件中所揭示的内容为其内容。感谢行为的本质条件是说话人对于某种有益状况的出现而引发的那种喜悦心情，或是值得感激的心情的表明。

（2）言语行为的类型举例

① 感谢行为的恰当条件归纳

命题条件：表示由听话人或听话人一方所确定的行为。

预备条件：说话人认为对自己或与自己有关的人来说，已产生某种有益的状况。

诚实条件：说话人对该行为或状况感到由衷的高兴。

本质条件：对于对该行为或状况的诚实条件所揭示的内心态度的表明。

② 请求行为必须满足的条件

命题条件——由说话人（S）来实施未来行为（A）。

预备条件——

a. 说话人（S）相信听话人（H）具备做行为（A）的能力。

b. 对于说话人（S）和听话人（H）来说，在通常的状况下，听话人（H）是否要实施行为（A）是不明确的。

诚实条件——说话人（S）很希望听话人（H）实施行为（A）。

本质条件——说话人（S）试图让听话人（H）去实施行为（A）。

（六）塞尔的理论

如果说，奥斯汀把言语行为理论看作是对孤立的话语的意义所做的研究的话，那么，塞尔则把这一理论提高为一种解释人类语言交际的理论。塞尔认为，使用语言就像人类许多其他的社会活动一样，是一种受规则制约的有意图的行为。每当我们讲话时，我们便是在按照使用语言成分的规则施行着各种各样的言语行为。

塞尔（1979）将言外行为分成如下五大类。

阐述类：陈述、主张、宣誓、推测、警告、假设

指令类：请求、建议、邀请、坚持、命令、要求

承诺类：同意、接受、宣誓、许愿、允诺、保证

表达类：祝福、吊唁、赞同、遗憾、道歉、感谢

宣告类：命名、布告、宣言

a）断言的（assertive）（描述性的）：说话人真实地叙述某一个命题。指描述世界上的状况或事件（陈述、主张等）。

例文 21.

雨が降っていると伝える。

我告诉你现在在下雨。

例文 22.

ジョンが嘘つきだと申し述べる。

我告诉你约翰说谎。

b）指示的（directive）：说话人试图让听话人做某种行为

（命令、请求、疑问等）。

例文 23.

窓を閉めるように命令する。

我命令你关上窗户。

例文 24.

窓を閉めるようにお願いする。

我请求你关上窗户。

例文 25.

窓を閉めたかどうかお尋ねする。

我问你是否关上了窗户。

c）阐明的（commissive）：说话人对未来行为的实行做一阐明（承诺、警告、忠告、宣誓等）。

例文 26.

お金を払うことを約束する。

我保证付钱。

例文 27.

復讐を誓う。

我发誓要报仇。

d）表出的（expressive）：表明说话人的感情（感谢、遗憾、欢迎、祝福等）。

例文 28.

贈りものを下さりありがとう（感謝する）。

谢谢你的礼物。

例文 29.

あなたの足を踏んでしまい、すみません（お詫びする）。

踩着你的脚了，很抱歉。

例文 30.

試合に勝っておめでとう（お祝いする。）

祝贺你们比赛取得胜利。

e）宣言的（declarative）：基于某种习惯，给事态带来直接影响的发言（布告、命名、宣言等）。

例文 31.

ここに開会を宣言する。

我宣布在这里开会。

例文 32.

あなたを議長に任命する。

我任命你为主席。

小结：这样的分类，就连塞尔自己也承认并不完善，还可以进一步将言外行为的类别做一归纳、概括、解析和了解。

（七）间接言语行为

例文 33. 这间屋子的灯坏了吗？

解析：包括两种言外行为：一是疑问，二是指令。例文 33 是通过疑问这个言外行为来间接实施指令行为，疑问是手段，指令才是真正目的。

人们使用间接语言有两种不同的情况，一种是说话人可以在直接语言和间接语言之间进行选择的情况下，出于某种原因选择了间接的说话方式，这种间接语言是有特定意图的。另一种情况是说话人无法用语言直接地表达自己才无可奈何地使用了间接的表达方式。这种间接语言在交际中也常常会遇到。（如外国人要买“狗不理”包子。）

对间接语言的一种比较普遍的解释是，把间接语言看作是语言形式和语言功能之间的不一致所带来的结果。另一种常见的解释是，语言的间接性也可以从语言的字面意义和语言的话语意义之间的关系去解释，当这两种意义不一致时，语言的使用便是间接的。

但是，日语中也有这种情况，在香烟店铺前说：“セブンスターありますか”（有七星牌的吗？）客人并不是在询问“セブンスター”的有无，而是在请店主给自己那个叫作“セブンスター”牌子的香烟。总之，通过语言我们清楚地看到间接言语行为的表达方式是千姿百态的。

小结：语言的字面意义和话语意义之间的差别显然是解释间接语言的一个很好的切入点。但听话人如何觉察这两种意义之间的差别，又如何从字面意义出发最终推断出说话人的话语意义，却并非是很容易解释清楚的。这成了语用学研究的一个大课题。

间接语言现象引起了言语行为理论家们的很大兴趣，同时也成了他们的一个重要课题。作为语言使用的理论，言语行为理论必须要对语言的间接现象做出解释。

从言语行为理论去看，塞尔认为间接语言现象实际上是

“通过实施另一种言语行为来间接地实施某一种言语行为。人们在讲话的时候，所说的和所做的有时是一致的”。

塞尔把说话人在间接地使用语言时所实施的两种言外行为称为“首要言外行为”和“次要言外行为”。首要言外行为体现了说话人的真正意图，次要言外行为是说话人为了实施首要言外行为所实施的另一种言外行为。次要言外行为与句子的字面意义相吻合，首要言外行为却不仅仅是字面上的。

不管怎样，“礼貌性”是使这些间接言语行为派生的根源。随着从直接到间接、从单纯文体到复杂文体的变化，礼貌的程度也不断提高。的确，大多数出于间接言语行为的表达，已经被当作惯用的形式定型化了。

（八）语用差异和冲突

任何一个国家的语言和文化都是密不可分的，语言是文化的载体，也是一个民族文化的写照。不同的民族由于其自然环境、风俗习惯、历史背景、宗教信仰、价值观念的不同，有着不同的语用习惯和习语文化特征。通过日常的语用失误实例可以发现汉日两种语言在语用方面的较大差异，有必要对这些差异产生的原因进行深层次的探讨分析。

语用差异——人们在言语交际中，因为各自的语用习惯和语用规则的不一致而引发的、影响言语交际目标追求的种种现象。

语用冲突——人们在言语交际中，由于各自坚持自己的语用习惯而引发的、导致背离言语交际目标追求的种种现象。

语用差异产生的最大原因——来自交际双方（或多方）的文化背景差异。

1. 日语学习中的语用失误

日语学生通过四年的系统学习之后，在真正应用到实际的会话交流中时，却发现在很多场景中由于自身对日本文化的理解欠缺或是对跨文化交际的掌握不足，频频出现语用失误，或是表达得不够得体。究其原因，就是因为在日语教学中，教师在讲解基本语法句型时没有深入地导入文化内涵，没有将跨文化交际的实质内容和语言符号结合起来。

如何更好地将跨文化交际这一概念导入日语学习中来？如何指导学习者避免因跨文化交际的冲突进而导致语用失误？通过怎样的教学手段来培养学生的跨文化交际能力，提高学生的跨文化交际意识和文化敏感性，从而我们的日语教学达到预期的效果呢？

我们通过一些实例来分类归纳一下学生因为文化背景的匮乏而产生的语用差异。

（1）寒暄语表达方式的语用失误

寒暄语用语是人们生活交流中不可缺少的一种语言，在交际中起润滑剂的作用。

由于各国各民族的历史文化、风土人情等不同，形成了各种不同的语言风格。

例文 34.

A：今日は寒いですね。

今天可真冷啊！

B1：ええ、そうですね。

是啊，真的挺冷的。

B2：えっ、寒いですか。私は暖かいと思います。

啊？冷吗，不会吧，我怎么觉得还满暖和的。

解析：日本人一般见面时喜欢以天气作为寒暄的内容。说话人A对听话人说“今天可真冷啊！”那么，听话人B1的回应“是啊，真的挺冷的”，其实就是一种简单的寒暄方式，是为了将会话顺利地进行下去而找到一个话题开头。可是，像听话人B2不了解这一点文化背景，只是单纯地把说话人的话语当成语言符号来理解的话，可能就会回答“啊？冷吗，不会吧，我怎么觉得还满暖和的”。这样一来，必然会因为文化冲突导致会话无法顺利进行下去。其实，只要我们了解了日本人仅仅是通过天气来开启话题，天气是否真的寒冷或暖和实际上并不重要，重要的是通过这个大家共同感知的事物能够顺利发话，就不会导致这样的语用失误。

（2）习惯用语的语用失误

日本人在就餐前和就餐后的寒暄用语也反映了这一点。日本人一般在吃饭前会双手合十说“いただきます”（我要开动了）。中国学生有时看到日本人单独用餐时也会这样说就会觉得奇怪，为什么他明明一个人用餐还要和人寒暄，难道是自言自语吗？那是因为学生对于这句寒暄表达方式的文化背景有所欠缺。尊重人与自然的调和乃日本文化的特征之一。由于长期生活在四面环海的岛国，一望无际的大海赋予了他们丰富的想象和坚毅的个性。但同时也造就了日本人性格中的细腻与狭隘。日本人一直十分尊重大自然，认为自己所有的衣食都是大自然给予的，所以他们在用餐前的那句寒暄语其实是在感谢大自然的恩惠。

（3）礼貌语表达方式的语用失误

例文35.

A1：どうも、すみません。

对不起。〈一般用法〉

A2：どうもありがとう。

谢谢。〈一般用法〉

A3：すみません。

谢谢。〈因自己的失误造成对别人的困扰的时候〉

解析：“すみません”在语法书中和词典中的解释都是“对不起”，即中文的道歉表达方式。但是在实际会话中，“すみません”还表示“谢谢”的意思。例如，收到朋友礼物的语境下，表示自己内心的感谢时，常常都会使用“どうもありがとう”的表达方式。但是换一种语境，当在教室里，A不小心把自己的书弄到地上了，这时同桌B帮A捡起，在中文语境中，A为了表达自己的谢意，自然会说“谢谢！”，但是在日语语境中，这时A应该说“すみません”。此处的“すみません”虽然也是谢谢之意，但却是因为自己的失误造成对别人的困扰，所以尽管要表达感谢，却要选择“すみません”来表达。

小结：语言是文化的载体，任何一种语言的产生和发展都离不开它的滋生土壤——文化。尤其是日语这门语言，它因其特殊性和自身的文化贴合得十分紧密。日语中的寒暄语、敬语、人称以及礼貌用语无不渗透着日本的本土文化特征。

2. 造成差异的原因

（1）外部差异

- 音义差异——包括同音不同义及同义不同音两大类现象。

  广东话：自觉——拒绝

  宁波话：机遇——妓女

  安徽话：（南部）爹爹　　　　（北部）父亲

  山东等地：大哥——二哥

- 文明差异——表现为说话人之间的文明水平的差异，即文明级别差异。

  对妻子的称呼：

  高雅的——妻子、爱人、太太、夫人

  粗鄙的——屋里的、孩儿他妈、做饭的、堂客、老娘们儿

- 习俗差异——包括生活习俗差异和民族习俗差异，“吉利语”和“禁忌语”便属此类。
- 礼仪差异——主要表现在言语交际双方的社会地位、文化水平、文明素质等方面的语用显现不一致。
- 观念差异——主要表现在政治观念、信仰观念、伦理观念等诸多方面的差异。

（2）内部差异

目标追求差异——由交际双方观点立场不同、利害关系

不同所引起的。

个性差异——说话人的个性直接影响其语用形式与风格。

气质差异——说话人自身的气质和胸襟也直接影响语用形式和风格。

文化差异——不同文化层次的人有不同的语用方式。

情感差异——分为双方的情感度差异和情感显现方式的差异。

二、实例分析

素材简介：选自日本电视台2016年制作播出的喜剧类电视剧『校閲ガール·河野悦子』(《校阅女孩河野悦子》)，讲述了时尚女孩河野悦子一直梦想着能够成为顶尖时尚杂志《Lassy》的编辑，经过屡战屡败的面试后，她终于如愿以偿被《Lassy》所在的出版社景凡社所录取，然而却是被安排到了无生趣的校阅部担任校对工作。她以自己特有的方式投入到校对工作中来，给本质朴素的校对工作带来了新气象。

（一）阐述类言外行为

景凡社受付1（今井セシル）：あの人、オシャレ！どこの編集者さんですか？
那个人好时髦，是哪里的编辑吗？

景凡社受付 2（佐藤百合）：編集者じゃないって。
不是编辑哦。
景凡社受付 1（今井セシル）：えっ？でもどっから見ても。
哎？不过怎么看都像。
景凡社受付 2（佐藤百合）：あの人は毎年中途採用試験受けに来るけど、毎年落とされてる。この時期限定のプチ有名人。
那个人每年都会来参加社会人士招聘考试，但每年都落选。是当季限定的小名人。

文本分析：河野悦子每年都会来参加景凡社的面试，并且屡战屡败，因此景凡社的前台佐藤百合说"不是编辑哦，那个人每年都会来参加社会人士招聘考试，但每年都落选，是当季限定的小名人"，是可以验证的真实性事件，她将其阐述给景凡社的另一位前台今井セシル听。

（二）指令类言外行为

河野悦子：河野悦子です。よろしくお願いいたします。
我是河野悦子，请多关照。
面接官 1：君か。
是你啊？
河野悦子：私です。
是我。

面接官 2：また来たのね。

你又来了啊？

茸原渚音（景凡社校閲部部長）：どうぞ、お掛けください。

请就坐。

河野悦子：失礼します。

谢谢。

文本分析：指令类言外行为表达的是说话者试图让听话者去做某一件事，表达的心理状态是希望或者愿望，并且具有明显的语势。这段素材中，在面试开始前，景凡社校阅部部长茸原渚音对河野悦子说“请就坐。”就属于言外行为的指令类。

（三）承诺类言外行为

面接官 1：はい、はい、はい。ファッション誌への情熱はよ～く分かりました。だが、募集要項にも明記してある通り、今年も雑誌部門の編集者は募集してないんですよ。

行，行，行。你对时尚杂志的热情我很清楚了。不过，招聘简介中说了，今年仍然不招杂志部门的编辑。

河野悦子：分かっています。でも、それは間違いです。

我知道。但这是不对的。

面接官たち：あっ？

啊？

河野悦子：失礼ながら、『Lassy』の販売部数は年々減少の一途をたどっていると聞いています。それはここ数年、正式採用の編集者を新卒でもごくわずか、中途採用ではまったく採らず、雑誌作りのほとんどの工程を編プロやフリーの契約スタッフに任せてしまってるからではないでしょうか。ですが、この私を雇ってくだされば、読者が待ち望んでる企画を連発し、必ずや売り上げ減少にストップをかけるとお約束します。ですので、どうか、私河野悦子を『Lassy』の編集者として雇ってください。お願いいたします。

说句不该说的，我听说《Lassy》的销量每年都在下滑，这难道不是因为这些年就招几个应届编辑，根本不招社会人员，杂志编写全部外包给了专业编辑和自由撰稿人吗？但是如果你们录用了我，我保证一定能不断推出读者翘首以盼的企划，一定让销量止跌的。因此，请招收我河野悦子为《Lassy》的编辑。求您了。

文本分析：承诺类言外行为表达的是说话人对某一未来的行为做出承诺，所表达的心理状态是意欲。这类言外行为的听话人有两类，一类是听话人，是说话人对听话人承诺，另一类是说话者本人，是说话人对说话者本人做出承诺，有一种心理暗示或自我承诺的意思。这段对白中，为了面试成功与表达自己对编辑这一职位的渴求，河野悦子对面试官们说“但是你们录用了我，我保证一定能不断推出读者翘首以盼的企划，一定让销量止跌的”，表达的正是言外行为中的承诺类。

（四）表达类言外行为

面接官1：なるほど。じゃあ、あのそろそろ時間ですので。
有道理。好吧，差不多到时间了。
河野悦子：はい、ありがとうございました。
好的，谢谢。

文本分析：表达类言外行为就是说话人对某种事态表达自己的某种心理状态。在面试结束后，河野悦子对面试官们说“谢谢”就是她在表达自己感谢这一心理状态。

（五）宣告类言外行为

河野悦子：失礼ながら、『Lassy』の販売部数は年々減少の一途をたどっていると聞いています。それはここ数年、正式採用の編集者を新卒でもごくわずか、中途採用ではまったく採らず、雑誌作りのほとんどの工程を編プロやフリーの契約スタッフに任せてしまってるからではないでしょうか。ですが、この私を雇ってくだされば、読者が待ち望んでる企画を連発し、必ずや売り上げ減少にストップをかけるとお約束します。ですので、どうか、私河野悦子を『Lassy』の編集者として雇ってください。お願いいたします。

说句不该说的，我听说《Lassy》的销量每年都在下滑，这难道不是因为这些年就招几个应届编辑，根本不招社会人员，杂志编写全部外包给了专业编辑和自由撰稿人吗？但是如果你们录用了我，我保证一定能不断推出读者翘首以盼的企划，一定让销量止跌的。因此，请招收我河野悦子为《Lassy》的编辑。求您了。

文本分析：宣告类言外行为表达的是使客观现实与命题内容一致，这类言外行为有一副类——阐述类宣告，所表达的心理状态是相信。河野悦子在分析时尚杂志《Lassy》销售量逐年减少的原因时说“这难道不是因为这些年就招几个应届编辑，根本不招社会人员，杂志编写全部外包给了专业编辑和自由撰稿人吗？”，这正是宣告类言外行为的副类——阐述类宣告，这里虽然用的是反问语气，但表达了肯定的意思，显示河野悦子在这件事情上的心理状态是确信无疑的。

第七章　谈话分析

一、相关概念

（一）所谓谈话

谈话是一种双向交流的言语行为活动。麦克豪尔（McHoul）（1998）提出，谈话是指句子中产生的具有连贯性的口语或书面语。而且，谈话作为文化的统一体，体现了语言与文化之间的关系。

钱冠连（1997）指出，谈话是语用学研究的最理想案例。说它是“最理想”的，是因为：

① 对话（假如它真的是生活原型的话）中有丰富而机巧的会话含意，于是便成为窄式语用学研究的对象。

② 对话是语言的实际运用，它大于句子而又达到了语篇规模，这样的运用单位，成为宽式语用学研究的对象也是自然的。

按宽式语用学的定义，语用学是一种语言功能理论，它研究语言使用者如何在附着符号束、语境和智力的参与和干涉之下理解并运用话语的。按照这个路子研究会话，就是调查附着符号束、人文语境和语言语境以及智力对话语的理解与干涉有些什么样的规律可循。

（二）谈话分析

韩茹凯（1985）指出，把语言作为符号来理解的时候，谈话分析承担着举足轻重的作用。因为语言的符号体系不仅用在个人的生活、文化生活中，而且，通过谈话者的使用来发展和变化。使用中的语言才是谈话，通过谈话，随意性符号才能成为语言共同体的产物。

何自然（2003）指出，语用结构大都是以会话为中心组织起来的，通过对会话结构的分析，我们可以观察和了解话语结构的语用表现，从而正确理解和使用语言。为分析会话结构，就必须研究语言使用者进行言语交际时遵循什么样的格式，并研究这些格式的语用表现。因此，从语用学的角度看会话结构，往往把结构格式同语用学的其他内容（指示语、预设、含意、言语行为）结合起来观察。

要记述人类之间交流的原理并做出说明，必须明确反映“传达能力”的词语的形式和功能，必须认识和谈话存在关联的语境的重要性。

谈话是语言的符号体系，不仅在个人生活，即使在文化生活中，通过谈话的语言使用来发展和改变。

研究谈话的手法多使用人为构筑的资料，由此试图发现有关联的口语、形式上和构造上具有特性的东西。

（三）谈话分析的研究

1. 谈话的结构层次

谈话里的句子叫“话轮”，它是对话（一个语篇）最基本的结构单元。国外一些会话分析学家认为，对话的结构层次是：

话轮（turn）→话对（pair）→衔接顺序（sequence）→语篇（text）

按这个结构层次解释，最基本的结构单元是“话轮”，最大的单元是“语篇”，过渡单位是“话对”与“衔接顺序”。但是，“话对”可以是中间单位，而“衔接顺序”却不像是结构单元，它只是一个语句之间的衔接关系（什么样的语句后面可以接什么样的语句）。

由于谈话展开的制约因素太多，以上会话结构模式远不能概括全部规律。话题的展开是双方的事，所以双方都有权提出话题。

2. 对话的结构形式

（1）一问一答，只有一个话对

例文 1.

A：もう12月になりましたが、あまり寒くないですね。

已经12月了，还不是太冷呀。

B：でも、これから、だんだん、寒くなりますよ。

不过，接下来会越来越冷呢。

（2）抢占话轮

例文 2.

A：これはどう？

这件怎么样？

B：ちょっと地味じゃないかしら。これはどうかしら？

是不是太普通了？这件怎么样呢？

A：あら、素敵な色。着てみてもいいかしら。

啊，好漂亮的颜色。可以试试吗？

C：どうぞ。鏡はそちらに。

请，镜子在这里。

A：じゃ、ちょっと。どうかしら。

啊，过来一下，怎么样？

B：とってもお似合いよ。

很适合你呢。

A：じゃあ、高くなければこれにするわ。おいくら？

好，不贵的话就买这件吧。多少钱？

C：9800円です。

9800日元。

A：ちょっと安くしてもらえないかな。

能便宜点儿吗？

C：すみません。昔は、うちもよくおまけをやっていましたが、今ぜんぜんやっていません。

对不起，过去我们经常让价，但现在完全不行。

A：いや、別にいいですよ。じゃあ、これで。

行，倒也无所谓。就这件吧。

C：はい、一万円お預かりします。二百円のお返しです。

好的，收您1万日元，找您200日元。

B：どうもありがとうございます。

非常感谢。

例文 3.

A：もしもし、東方貿易会社ですか。

喂，是东方贸易公司吗?

B：はい、そうです。

是的。

A：社長の佐藤さんをお願いします。

我找佐藤社长。

B：どちらさまでしょうか。

您是哪位?

A：吉川と申します。

我是吉川。

B：少々お待ちください。

请稍候。

C：佐藤ですが、お待たせしました。

我是佐藤，让您久等了。

A：吉川です。ごぶさたしています。明日、お目にかかりたいんですが。

我是吉川，有段时间没联系了。明天我想拜访您。

C：はい、大丈夫です。何時にしましょうか。

好的，没问题。几点呢?

A：午後２時ごろでいかがでしょう。

下午2点左右怎么样?

C：１時半から会議があるので、２時半でもよろしいですか。

1点半之后有个会，2点半可以吗？

A：もちろんです。じゃあ、明日２時半に伺います。

当然可以。那就明天2点半去拜访。

C：それではお待ちしています。

那我等您。

A：失礼します。

再见。

（3）第三方不期而入

例文4.

A：先生、おはよう。遅れて、すみません。

老师，早上好。对不起我迟到了。

B：張さんはどうしたんですか。また寝坊しましたか。

小张你是怎么了？又睡懒觉了吗？

A：いいえ、ちがいます。バスがなかなか来なかったんです。

不，不是的。因为公交车一直不来。

B：明日から遅れないように気を付けてくださいね。

从明天起就不要迟到了。

A：はい、わかりました。

好的，我知道了。

C：先生、遅れてすみません。

老师，对不起我迟到了。

B：李さんはどうしたんですか。バスが来ませんでしたか。

小李你是怎么了？是公交车没来吗？

C：いいえ、朝少しおなかが痛かったんです。

不是，早上肚子有点儿疼。

B：え、そうですか。今は大丈夫ですか。

啊？是吗？现在好了吗？

C：はい、今は痛くありません。

嗯，现在不疼了。

例文 5.

A：田中さん、こちらはジョンソンさんです。

田中，这位是约翰。

B：初めまして、ジョンソンです。

初次见面，我是约翰。

C：どうぞ、よろしく。ジョンソンさんは学生ですか。

请多关照。约翰你是学生吗？

B：ええ、専攻は経済ですが、今は日本語を勉強しています。

是的，我的专业是经济。现在在学日语。

A：ちょっと失礼します。お客さんが待っていますので。

失陪了，因为有客人在等我。

C：どうぞ。

请。

B：田中さんはどんな仕事をなさっているのですか。

田中是做什么工作的？

C：貿易会社に勤めています。どうぞ、これは私の名刺です。

在贸易公司工作。这是我的名片。

B：ありがとうございます。ああ、会社は銀座ですね。

谢谢。啊，你的公司在银座呀。

C：ええ、今度、遊びに来てください。

是的，下次来玩吧。

B：はい。でも、お忙しいでしょう。

好的。不过你很忙吧？

C：そうですね。じゃ、いらっしゃる前に電話をしてください。

是的，那你来之前给我打电话。

（4）一问一答，一贯到底

例文 6.

A：明日の２時間目は試験ですよ。

明天第二节课考试哟。

B：えっ、何の試験ですか。

哎？什么考试？

A：英語の復習テストです。

英语复习考试。

B：うそ、聞いていませんよ。どうしよう。全然勉強していませんよ。今夜徹夜しなければなりません。

不会吧，我没听说呢。咋办？根本没学习，今晚得熬夜了。

A：一夜漬けですか。

要通宵吗？

B：そうですよ。あのう、ノートちょっと見せてもらえませんか。

是呢，嗯……能让我看一下你的笔记吗？

A：いいですよ。どうぞ。

可以啊，给。

B：試験はどこが出るか知っていますか。

你知道考试题目从哪里出吗？

A：知らないですけど、多分、先週勉強した文法がでると思いますよ。

我不知道，不过，多半会考上周学的语法吧。

B：そうですか、あれは難しかったですね。

是吗，那个很难呢。

例文 7.

A：あちらの方はどなたですか。

那位是谁？

B：家内の母です。

是我妻子的妈妈。

A：大変お元気そうですね。

看上去很健康啊。

B：おかげさまで、風邪一つ引きません。

托您的福，一次感冒都没得过。

A：いっしょに住んでおられるんですか。

你们住在一起吗？

B：ええ、息子が小さいので、世話をしてもらっているんです。

嗯，因为儿子还小，妈妈帮我照看。

A：いつまでいらっしゃるんですか。

要住到什么时候？

B：年末までだと思います。

我想应该是到年底。

A：奥様は？

您夫人呢？

B：家内は、先月から働いています。

妻子上个月开始工作。

A：あなたのご両親はご健在ですか。

您的父母都好吧？

B：故郷の京都で元気に暮らしております。

他们在老家京都过得很好。

（5）话题变换频率大

例文 8.

A：あの映画、もう見ましたか。

那个电影已经看过了吗？

B：まだですが、面白そうですね。

还没有，好像很搞笑。

A：ええ、すごくいいですよ。私は一回見たけど、また見たいんです。

是的，很不错。我看过一次，还想再看。

B：じゃ、今度一緒に行きましょうか。

那下次一起去看吧？

A：あのう、これ、つまらない物なんですが、どうぞ。

那个，这个不成敬意，请收下。

B：まあ、ありがとう。なんでしょうか。

哎呀，谢谢，是什么？

A：ウーロン茶です。よろしかったら、召し上がってください。

是乌龙茶。请品尝。

B：まあ、私はウーロン茶が大好きなんですよ。

哎呀，我最喜欢乌龙茶了。

A：これ、心ばかりのものですが。

这只是我的一点心意。

B：ありがとう。でも、気持ちだけいただいておくよ。

谢谢，您的心意我领了。

A：いえ、受け取っていただかないと困ります。

不，您不收下我过意不去。

B：そんなに気を遣わなくてもよかったのに。じゃ、いただいとくよ。

您不必这么客气，那我收下了。

（6）转换对话对象

例文 9.

A：王さん、最近忙しいみたいですね。

小王，你最近似乎很忙呀？

B：そうですね。力学ゼミのレポートがまだ完成していないから。

是呢，力学课的报告还没有写完。

A：締め切りにはまだ２週間もありますよ。

离最后期限还有两周呢。

B：それはそうだけど、でも私にとっては、日本語で書くと大分時間が掛かるんだよ。

虽然是这样，但是对我来说，用日语写要花很多时间。

A：ちょっと休んでから書くと、効果的だと思いますよ。

稍微休息一下会很有效率呢。

B：そうですか。

是吗?

A：実はね、明日東宝映画館で「男はつらい」を上映するんですって。

话说，明天东宝电影院要上映《男人不容易》呢。

B：それは人気の映画だから、多分切符も買いにくいよ。

很火的一部电影，电影票多半也很难买吧?

A：見て。前売りチケット２枚、もう手に入ったんです。

你看，预售票２张，已经到手了。

B：本当だ。すごい。

真的，太厉害了。

A：どうですか。一緒に行きませんか。

怎么样? 一起去看吗?

3. 对话连贯机制

①有一个总的话题，靠话题将意思连贯起来，话题不变，

一贯到底。所有的谈话人都围绕一个话题，不跑题，谈话的意思自然就连贯起来了。

②磋商。话题变换，怎样将意思连贯起来呢？谈话各方的磋商意识变成了意思连贯机制。我们可以发现，磋商往往是再三的，磋商成功往往是全部对话的结束。说话人似乎不在意使用词语连贯手段，例如不用“首先、然后、最后、这样、从而、于是”这一类的词语连接手段，而是靠意思连贯。

4. 说话人意义的两个层面

① 没有带上强烈的说话人的意图，只是把意思表达出来。

例文 10.

今、何時ですか。

现在几点了？

解析：以上问话里包含有两层意思：

第一层面：我想知道现在几点了。

第二层面：该放下工作去活动了。

② 话语意义不同于说话人的意图。

例文 11.

A：明日は語用論会議に参加しますか？

明天你参加语用学会议吗？

B：それは語用論研究の会議です。

那是语用学研究的会议。

解析：从 B 的回答里，我们可以了解到两层意思：

第一层面：我知道会议的探讨主题。

第二层面：我对语用学不是很了解。

例文 12.

A：語用論の言葉使い方がとてもいいですが、私には、

よく分かりません。

語用学的語言使用方法太好了！好到我根本无法理解。

解析：A 对语用学的感叹及后面的补充，也包含两层意思：

第一层面：语用学的内容和课题都很生动、有趣。

第二层面：我只能欣赏美丽的图片和影片，全然不懂深奥的理论。

5. 说话意义的表达和理解

① 话语意义＝说话人意义

例文 13.

A：明日会議に行きますか？

你明天去开会吗?

B：特別な事情がなければ行きます。

如果没什么特殊情况我会去的。

② 话语意义≠说话人意义

例文 14.

A：あなたは、明日会議に行きますか？

你明天去开会吗?

B：わたしは、明日北京に出張します。

我明天要去北京出差。

③ 话语意义与说话人意义相反

例文 15.

A：あなたは、語用論が好きですか？

你喜欢语用学吗?

B：語用論は、とても魅力的です。

语用学太让人着迷了!

④ 说话人意义的多重意义

例文 16.

A：スミスさんは最近彼女がいないようです。

史密斯这些日子好像没有女朋友。

B：彼は週末ごとにニューヨークに走っています。

他每个周末都往纽约跑呢。

小结：总之，言语行为不是随意的，而是受目的的支配。交际中所涉及的说话人的目的并非是双方共享或者互知的，听话人必须对说话人的意图进行推导，因为人们的交际行为不是建立在自然意义基础之上的直接的信息传递，而是在非自然意义之上的意图的明示与推导。

（四）会话的结构

会话分析（conversation analysis）是语用学的重要领域，甚至可以说是最重要的领域。语用学是研究语言运用的，而会话是语言运用的最基本形式。语用学研究者如果不做会话分析，就像盖大楼不打地基，最终会失去立足之本。语用学研究会话结构的目的是要通过探索自然会话的顺序结构来揭示会话构成的规律，解释自然会话的连贯性。

对会话结构的研究存在多种途径和方法，但主要有两种途径：话语分析和会话分析。这两者的共同目标都是研究话语的连贯性和顺序结构。从这一点看，语用学家和话语分析家有着共同的目标。

会话的整体结构：作为一个整体，会话在结构上也呈现出某些特点和规律。任何一次完整的会话都由开端（opening）、本体（body）和结尾（closing）三个部分构成。比较起来，开端和结尾更能体现出结构上的特点，本体则因各次会话的性质、内容的不同而具有不同的结构上的特点。

1. 会话的开端

一般来说，打电话所用的“召唤—回答”方式可以用来作为双方会话的开端。当一方想和另一方会话时，说话人总得先以某种方式发出“召唤”。而对于陌生人，尤其是不知其姓名的人，可以通过其他方式礼貌地引起对方的注意，当然有时也可以用一些非语言的方式，例如拍一下别人的肩膀，举手，乃至干咳一声，等等。这其中的任何一种方式都是“召唤”，都和电话铃声具有同样的作用。

2. 会话进行中

会话的话题被提出后，说话人和听话人如何分担角色，一般会考虑一下会话是否有进展。

对话的开始，开启说话的人成为说话人，被搭话的人就成为了听众，一旦会话开始，说话人和听话人的作用就可以自由地替换了。但是，也有时候会出现说话人接连不断地说着话，听众只是一个劲儿地接受的情况。在这种场合，听众会随声附和，一方面对从说话人那里得到的情报进行一定程度的整理和处理，会继续担任听众的角色。

3. 会话的结束

到现在为止，按照一定的规则，或成为说话人，或成为听话人，互相协力努力推进的会话也必须在什么时候结束。不可能突然切断一直和睦的对话合作关系。为了顺利达成会话的结束，首先某一方需要传达会话即将结束的意图，这是会话终结部的开始。如果对方也是这种意愿的话，就此，双方又协力达成会话的终结部分，双方就此告辞。为了圆满结束一直进行着的对话，必须有相应的理由。

要结束对话的理由，可以考虑两大方面。其一是会话本身不需要继续下去的场合；另一个理由是如果出现某种外部情况导致不能继续对话的情况。

（五）随声附和

交流是建立在说话人和听话人共同参与的基础之上的，是双方的互动行为。一次成功圆满的交流虽然主要依赖的是说话人的表现，但听话人的积极配合也起着不可低估的重要作用。

1. 随声附和的内涵

所谓“随声附和”是指在会话过程中，听话人从说话人那里接受话语信息时做出的“搭腔”“帮腔”等言语行为。

日语中的“随声附和”（あいづち）可分为有声和无声两大类。有声的包括“ええ”“はい”“そうですね”等表达形式、

重复对方的部分话语、接对方的话茬等。无声的则有点头、微笑、眨眼等改变面部表情的、语言表达之外的身体语言和动作。

例文 17.

A：美術館に行きたいんですけど、何で行くのが便利ですか。

我想去美术馆，怎么去方便呢？

B：車で行けば 10 分ですよ。

开车的话 10 分钟。

A：そうですか。電車かバスでも行けますか。

是吗？坐电车或公交车也能到吗？

B：うーん、行けますけど、時間がかかりますよ。自転車は持っていますか。

嗯，能到，不过会花时间。你有自行车吗？

A：はい。

有。

B：じゃあ、自転車のほうが便利ですよ。

那骑自行车方便些。

A：そうですか。分かりました。じゃ、そうします。

是吗？我知道了，那就这么办。

例文 18.

A：山田さん、新しい生活どう？

山田，新生活怎么样？

B：はい、毎日楽しいです。

嗯，每天都很开心。

A：ご両親と一緒じゃなくて、寂しくない？

不和父母住在一起，不孤单吗？

B：ええ、少し。でも、弟と一緒に住んでいるので、大丈夫です。

嗯，有一点儿。不过我和弟弟住在一起，没关系。

A：そうなんだ。兄弟は弟一人？

是这样啊？你有一个弟弟？

B：姉もいます。姉は両親と一緒に住んでいます。

我还有姐姐。姐姐和父母住在一起。

例文 19.

A：友達がけがをして、入院しているんです。お見舞いに行きたいんですが、何を持っていきますか。

朋友受伤住院了，我想去看他，带点儿什么好呢？

B：そうですね。よく花や果物を持っていきます。病院では時間がたくさんあるから、本もいいと思いますよ。

是啊，一般是带花和水果。在医院住的时间长，带书也可以。

A：ああ、いいですね。本読むのが好きだから、そうします。

啊，不错，他喜欢读书，就这么办。

B：あ、それから、若い人なら音楽の CD もいいと思いますよ。

啊，还有，如果是年轻人，也可以送他音乐CD。

A：うーん、でも、音楽はあまり聴きませんから。

嗯，不过他不怎么听音乐。

2. 使用随声附和的理由

用日语进行交流时，“随声附和”不可或缺。日本人使用“随声附和”的根本理由在于：

- 可以营造一个使说话人能安心讲话的轻松愉快的气氛，可以把握言谈的方向，有利于从对方的言谈中获取更多的信息。
- 可以引出连对方本人都没有意识到的真实想法，有利于与对方进一步交流和沟通。
- 可以给对方留下善解人意的印象，有利于建立和维护良好和睦的人际关系。
- 可以带给对方自信心，保全对方的面子，树立对方的形象，给对方留下一个懂礼貌的印象，有利于交流顺利进行。

3. 随声附和的特征

- 随声附和出现在说话人的说话权中。
- 行使随声附和的是会话中的听话人。
- 随声附和的作用是通过传达“我听着”“我明白了”等意思来促进会话的进行。
- 表达随声附和的语言形式一般都比较简短。

4. 随声附和的语用功能

随声附和是一个汉语成语，基本义是贬义的，形容说话人自己没有主见，人家说什么，也跟着说什么。但是，日文中相对应的“あいづち”这个词并不带有贬义，反而具有如下的五层语用学意义。

- 听话人表示自己在倾听的状态。
- 听话人表达自己理解说话人所说。
- 听话人表达对于说话内容的认可。
- 听话人表达对于说话内容的否定。
- 听话人表露出听闻说话后的情绪。

例文 20.

A：おはようございます。いい天気ですね。

早上好，天气不错呀。

B：ええ、いい天気ですね。朝ごはんを食べてきましたか。

是啊，天气不错，吃过早饭了吗？

A：ええ、食べてきました。

是的，吃过了。

B：学生証は。

你的学生证呢？

A：持ってきした。

带来了。

B：ちょっと学生証を貸してください。切符を買ってきます。

把你的学生证借给我，我去买票。

A：はい、お願いします。

好的，有劳了。

B：さあ、絵を見ましょう。

好的，一起看画吧。

A：大きい声で話さないでください。タバコをすわないでください。

请不要大声说话。请不要吸烟。

B：えっ、何ですか。ああ、注意書きですね。

哎，什么？是提示标语啊。

例文 21.

A：これ、シンガポールのお土産だけど、受け取ってください。

这个是新加坡的特产，请收下。

B：どうも、ありがとうございます。

非常感谢。

A：この間はお世話になりました。これはほんの気持ちです。

这段时间承蒙您照顾，只是一点儿心意。

B：ご丁寧に、ありがとうございます。

谢谢您，这么客气。

例文 22.

A：高橋さん、本、あった？

高桥，那本书找到了吗？

B：あったけど、貸出しはできないって。

找到了，但是说不外借。

A：そう、残念ね。

啊，好遗憾呀。

B：いいよ、図書館へ来て読めばいいんだから。

算了，可以来图书馆读。

A：そうね。

是的。

B：きみのほうは？

你找的那本书呢？

A：ほかの人が借りているの。11 日まで待ってくださいって。

别人借走了。说是要等到 11 号。

例文 23.

A：その歌は『さくらさくら』でしょう。

那首歌叫《樱花》吧？

B：ええ、いっしょに歌いませんか。

是的，一起唱吧？

A：歌えませんよ。私は音痴だから。ギターは難しいでしょう。

不会唱，我是个音痴，吉他很难弹吧？

B：いいえ、だれでも弾けますよ。

不是，是个人都会弹。

A：ナンシーさんは何でも弾くことができますか。

南希你什么乐器都会吗？

B：いいえ、クラシックは全然だめです。

不，古典乐器根本不行。

例文 24.

A：遅くなって、すみません。

我来晚了，抱歉。

B：いいえ、まだだれも来ていません。

不，还没有人来。

A：そうですか。もう遅いと思いました。

是吗？我还以为迟到了。

小结：根据上述听话人的心理反应，讲话人了解到听话人不但单纯在倾听对话，而且在心理上也参与到谈话交际中来。另外，基于听话人对于谈话现场的反应态度及言语，说话人可以进一步展开双方的谈话。

听话人一边向说话人传递各种反馈信号，一边继续听着谈话内容。说话人则根据来自听话人发出的返回信号，或是积极将谈话不断进行下去，有时会一边被对方打岔一边继续着谈话。

关于随声附和的表现形式，不做详细的说明，如果对此有兴趣，可作为今后的论文题目进行专题研究。

（六）语境和会话

1.“语境”术语的提出

“语境”（context）这一术语是由现代语境论鼻祖马林诺夫斯基（Malinowski）于 1923 年提出来的。他把语境分为两类：文化语境和情景语境。

- 文化语境：指说话人生活于其中的社会文化背景。
- 情境语境：指言语行为发生时的具体情境。

2. 语境的定义

语境就是人们运用自然语言进行言语交际的言语环境，是任何与语言形式出现相关的环境要素构成的集合。

例文 25.（上下文语境例）

妈妈：谁动了桌子上的蛋糕？

玲玲：弟弟刚才在桌子旁边站着。

解析：玲玲答非所问，言外之意是：可能是弟弟动了桌子上的蛋糕。

例文 26.（情境语境例）

妻子：声音好像不正常，你能把它打开看看吗？

解析：这是妻子递给丈夫一把螺丝刀并指着洗衣机的后盖时对丈夫说的话。此时“打开”的意思就不会是“开启洗衣机开关”，而应该是“打开机器的后盖察看一下其内部情况”的意思。

例文 27.（民族文化传统语境例）

A：她的男朋友是个不三不四的人，快去劝劝她，还是早点儿分手的好。

解析：在数字上面，中外的文化差异在感悟上可能会体现出较大的差异。人们常用“不三不四”来表示某人不务正业、品行有问题或不正派，但是如果用洋泾浜英语来直译（不三不四— no three no four），老外肯定会一头雾水，从而闹笑话。

例文 28.（语境对语篇的限制例）

（背景：毛泽东领着部队转战陕北时，有天夜里住进田次湾。）

房东大嫂（不安地一再说）：这窑洞太小了，地方太小了，对不住首长了。

毛泽东（依着大嫂的节律喃喃着）：我们队伍太多了，人马太多了，对不住大嫂了。

（《美学语言学》）

解析：是什么东西使毛泽东依着大嫂说话的节律发话？答案是：言语求美律驱动。

从语境对句式、语篇的限制和影响的角度，就会发现，是大嫂发话的语篇样式引发或者说影响了毛泽东说话的语篇样式：

引发语篇：这——太小了，——太小了，对不住——了。

跟进语篇：我们——太多了，——太多了，对不住——了。

小结：语境对语言符号使用（说与写）的限制，表现在语音、句式和语篇格式的限制与影响上。我们会发现，这样的限制与影响在日常生活中是非常普遍的。这种限制与影响无所谓消极与积极。因为谁也没有感受到这种限制与影响的不便，更谈不上有什么消极后果。

3. 语境对说话人的干涉

语境对说话人有着特殊的要求，这些要求如不被说话人满足，就会犯语用错误，这等于是语境对说话人的干涉。

- 如要隐略某些话语成分，说话人必须提供前提即语境。

● 语境要求说话人根据对象决定自己的言语行为或策略。

例文 29. 小朋友，劳驾，请让一下路。

例文 30. 老奶奶，你今年几岁了？

解析：如上面两个例句，用雅语和少儿交流，用儿语询问老人，都是一种傻帽儿的言语行为，很明显是不得体的。

（1）语境要求注意对话的场合。

比如，在严肃的学术会议上发言，出口就来上一串俏皮话，会出现怎么样的效果？在学校的课堂上教学生们学习夫妻之间互敬互爱的话语，学生会做出如何反应？

（2）语境要求注意对话的语调和语气。

说赞美命题的时候故意将声音拉长，叙述紧迫事情过程时用阴阳怪气的语调，回答老师的提问时带着一种漫不经心的腔调，都是导致交际失败的重要因素。

2. 语境介入谈话

（1）语境弥补粗疏

例文 31.（语境：夫妻俩在家里忙，一个在厨房忙烹调，一个在客厅里给电视机接天线，过了许久）

男（大声、肯定语调）：行了，出来了。

解析：什么行了？什么出来了？这话的确太简单，空白太多。旁人不知道的语境是：丈夫接天线忙碌了半天，为的是让电视图像出来。不需要旁人知道，他们夫妻知道，这就行了。

（2）语境补充指示词的含意

指示词是一些不能单用语义学的真假条件衡量的词语。

它们的意义或然性太多，留下的空白太多，不细致，不周全，但语境却能使它们的或然性变成定然。国外语用学界有人将指示语纳入语用学的课题之一，就是为了弥补人称、时间、地点、话语、社交五类指示语的或然性太多这一缺陷的。

例文 32.（语境：一位医生指着一幅人体图像，对实习的年轻医生讲解经络的运行路线）

医生：——大肠经从这里起——经过这里，——再到这里，——走这条，——然后终止于那里。

解析：学生不愁听不懂医生话里的“这里”“这条”与“那里”，因为他们可以清晰地看到另外的符号系统的旁证。

（3）语境创造话语前提

前提有一点最重要的性质，是它的共知性。人们对前提往往是只字不提的，话语留下的空白自有共知去填补。

下例中 A 的话异常简单，用老百姓的话说就是“无头无脑”，但听话人照听不误，准确地抓住并说出了 A 的言外之意。A 对其理解力也全无怀疑。

例文 33.

A：出太阳了。

B1：对，可以晒衣服了。

〈共知前提：久雨，衣服长霉了〉

B2：你也担心计划吹了？

〈共知前提：两人认为雨天游西湖最有情趣，并打算周末去西湖〉

B3：你以为没问题了？三峡那边不一定是晴天。

〈共知前提：两人得知科氏在长江三峡上走钢丝，他们为此担心〉

（4）前提解释隐性行事性语句（施为句）

有些隐性行事性语句，在没有说出行事性动词的情况下，并不那么容易区分。这个时候语境就出来帮忙了。

例文 34. 我要到场。

解析：这是个粗略的不周全的陈述，是个陈述句。可是，这当真是在陈述吗？还是要施行别的什么行为呢？如果是后者，那么它实施了什么行为呢？这得有赖语境来决定。

可能性一：若说话人面带微笑，抬起手腕看看表，再考虑当时发生的事件与说话人的有利无害的后果（如剪彩），听话人即可断定这个陈述句实际上施行了一个“许诺”行为，相当于“我答应，我到场。”

可能性二：如果说话人面色严峻，手指恶狠狠地点着对方的鼻子，再考虑当时的情况，说话人如不去监督，听话人就会采取不良行为（如考试作弊），那句话实际上实施了一个“警告”行为，相当于行事性语句“我警告你们，我要到场。”

于是，我们发现，某些语用学专家之所以将言语行为当作语用学研究的课题之一，正好是针对了语言的局限性：单凭话语本身不能准确地从“言之所述”判断出“言之所为”或“言后之果”。

（5）会话含意也在语境上推导出来

说话中的疏漏、话不对题、前后矛盾，有了语境，也可以轻易地得到补偿与澄清。

例文 35.《中国青年报》上有篇报道曾有过这样一句话："世界上最长寿的人是中国湖北沙市 35 岁的李亚飞。"怎么会有这样的怪事呢？要知道 35 岁与长寿是不相容的，其中总有一项是荒谬的。那么解开这个结子靠语境。下文是这样展开的："这个李亚飞——从水中救了 30 个人的生命。俗云，救人一命，延年益寿，30 条生命的延续，你说李的寿命有多长呢？"

小结：

- 语境要求对话时的语气、语调与语境和谐一致，否则要犯策略上的错误。
- 语境要求注意对话的场合（自然空间与人文网络）。
- 语境要求根据不同的对话对象使用不同的策略。
- 语境是对话中成分省略的前提条件。

二、实例分析

素材简介：选自日本 NTV 电视台 2018 年制作播出的爱情剧『獣になれない私たち』(《无法成为野兽的我们 / 懦弱野兽》)。该剧的女主角深海晶，笑容慢慢，工作完美，是深受大家喜欢的理想女性。但她其实只是为了周围人的眼光而努力和忍耐，对工作和恋爱都感到烦恼而疲惫。男主人公根元恒星，擅长处世，很受欢迎，但内心不相信任何人，冷眼旁观一切。故事讲述了这两个内心包裹着坚硬铠甲的人相遇后展开的恋爱喜剧。

（一）谈话标识（1）

京谷のお母さん：待ってる間にね、京谷にこれ買ってもらっちゃった。ほら。

在等你的时候，我让京谷买了这个，你看。

京谷：割と高いのねだったよね。

你非要我挑贵的买啊。

京谷のお母さん：うん、だって、これ素敵だったんだもん。

嗯，毕竟这个好看嘛。

深海：あの、1時間も、すみませんでした。

让您等了一个小时，真抱歉。

京谷のお母さん：ううん！今は女も働く時代なんだから。それより、会えてよかった。

不要紧，现在已经是女性也出来工作的时代了嘛。不说这个了，看见你就很高兴。

文本分析：谈话标识是谈话分析研究中的重要一环，可以减少听话人对说话人发话内容的理解成本。此外还具有使谈话的交替和谈话的构成趋于理想状态，给谈话添上明确标志的功能。这段台词中深海和男友京谷的母亲初次会面，但因在巴士上睡过头导致迟到了一个小时，在等深海时，京谷的母亲让京谷买了一条挺贵的项链给自己，并说明“うん、だって、これ素敵だったんだもん”（嗯，毕竟这个好看嘛。），这里“だって”的谈话功能在于对对方的意见持反对态度，主要

是在争论中使用。深海回应“あの、1時間も、すみませんでした”（让您等了一个小时，真抱歉），这里“あの”用于提示听话人注意话语，后面才是说话人真正要表达的内容。京谷的母亲对深海的解释表示理解，并说“ううん！今は女も働く時代なんだから。それより、会えてよかった”（不要紧，现在已经是女性也出来工作的时代了嘛。不说这个了，看见你就很高兴），这里“だから”表示与先行话语的逻辑关系，她察觉到深海的工作很忙，所以没有责备她。

（二）谈话标识（2）

（上野は深海に新しい案を設計してもらいたいと思っている。）
上野想让深海为他设计新的方案。

上野：社長がそういうのは深海さんが得意だから、一緒に考えてもらえって。
　　社长说这个工作深海你拿手，让你帮着一起考虑。
深海：得意って、どこから、そんな話が…
　　什么拿手，这话从哪儿说起……
上野：特別チーフクリエイターの「クリエイター」の部分だって言ってました。
　　说是特级首席设计师中的“设计师”。
深海：その広範囲な肩書き、私、まだ納得してないんだけどな。
　　这么大的头衔，我可不敢领受。
上野：やっぱり迷惑ですよね、僕となんて…

果然是和我一起工作让你很为难吧？

深海：あっ、そうじゃなくて、迷惑とかじゃなくて。私はただ仕事の分担が…分かりました。一緒に考えます。

啊，不是这样的，不是为难，只是工作的分工……我明白了，一起想吧。

上野：いいですか。

可以吗？

深海：はい。

是的。

文本分析：深海的同事上野被委派了更新电商网站的工作，总经理说深海很擅长策划新方案，所以上野找到了深海想让他帮忙设计一个新方案，但深海觉得这不是他的工作，想要拒绝，此时上野说“やっぱり迷惑ですよね、僕となんて…”（果然和我一起工作让你很困扰吧），“やっぱり”这一谈话标识在吸引听话人注意的同时，暗示了说话人的结论，“なんて”用于自己身上，表示谦逊。

（三）谈话标识（3）

深海：今、オープン前で立て込んでるみたいです。明日取りに行くことになりました。服のお金も払いたかったし。ちょうどよかった。

快要开业了，她现在好像很忙。我明天去取。正好还要付之前衣服的钱。

居酒屋の主人：じゃあ、京谷君にスマホ見つかったっていう電話、俺がする？

还要给京谷打个电话说找到手机了。我来打吗？

深海：お願いしてもいいですか？昨日の今日で、京谷のためにスマホを取りに行くって、ちょっとしゃくだし。

可以麻烦你吗？因为昨天那件事，今天就跟他说要帮京谷去拿手机，好像有点儿生气了。

文本分析：深海和京谷刚吵了架，所以深海不愿意给京谷打电话说找到手机了，这时居酒屋的老板说“じゃあ、京谷君にスマホ見つかったっていう電話、俺がする？”（那我来给京谷打电话说手机已经找到了吧），这里“じゃあ”用于预告后项的结论和结果，“ちょっと”用于预告后项内容是消极的内容。

（四）谈话标识（4）

深海：千春さん、明るいけど、つらいことないですか？

千春，你一直很开朗，就没有遇到过很糟心的事吗？

千春：そりゃあ、なくはないけど。私ね、福井県の小浜っていう所で生まれ育ったの。小さな湾に面した町でね、のどかでいい所。うち、男の兄弟が多かったし、あの頃はまだ、女に学歴なんか、必要ないなんて言われて。ほとんどの子は、地元で働いて、結婚して、ここでずっと暮らして行く。それが当たり前。高校卒業してへしこのお店に就職して。「へしこ」って分かる？サバの糠漬け。そこの売り子さんやってたの。3年ぐらい働いた頃かな…

这个嘛，也不是没有。我出生在福井县一个叫“小滨”的地方，是一座面向海湾、宁静惬意的小城市。我们家兄弟姐妹中男孩子比较多，那个年代普遍认为女性不需要学历。大多数女孩子都在当地工作、结婚，一直生活在那里，这是理所当然的事情。高中毕业后，我就在一家腌青花鱼的店里干活儿。“腌青花鱼”你知道吧？就是用糠腌过的青花鱼。我在那里卖鱼，干了差不多有三年时间吧……

文本分析：深海给千春打电话问她是否遇到过不开心的事情，千春在电话里向深海讲述了自己的经历，“あの頃はまだ、女に学歴なんか、必要ないなんて言われて”（那个年代普遍认为女性不需要学历），其中“なんか”“なんて”是谈话中经常出现的谈话标识，用于缓和谈话内容，这里表示轻视的语气。

（五）谈话标识（5）

（千春が夫の克己と知り合ったことを思い出すと、二人は千春の高校卒業後に就職したへしこの店で知り合った。克己がへしこを買った時に千春に名刺を渡し、千春に「関東に来た時は連絡してくれ」と言った。）

（回想起千春和她丈夫克己相识的情形，两个人是在千春高中毕业后就职的腌青花鱼店里认识的。克己在买腌青花鱼的时候给了千春一张名片，对千春说:“来关东的时候跟我联络。”)

深海：それで、遊びに行ったんですか？

然后呢，去那边玩了吗?

千春：行かないわよ、理由もなく、日本の反対側なんだから。かといって、知らない会社に電話もできないでしょ。だから、名刺は引き出しの奥にしまって、忘れることにした。

无缘无故的很冒失，当然没去了。还在日本的另一边呢。再说我也不敢给陌生的公司打电话呀。所以，我把名片收到抽屉里，决定忘了他。

文本分析：深海追问道“それで、遊びに行ったんですか?”(然后呢，去那边玩了吗?)，这里“それで”用于催促对方继续讲述后续事情，千春说无缘无故地当然没去，并补充说“かといって、知らない会社に電話もできないでしょ”(再说我也不敢给陌生的公司打电话呀)，这里“かといって”是“遊びに行ったかといって”的省略，用于再次提起某个话题。

第八章　礼貌原则

一、相关概念

（一）引言

东西方思维方式的差异主要体现在辩证思维与逻辑思维上：学者们常常用辩证思维来描述东方人，尤其是中国人的思维方式；用逻辑思维或者分析思维来描述西方人，尤其是欧美人的思维方式。与中国人的辩证思维不同，西方人的思维是一种逻辑思维。这种思维强调世界的同一性、非矛盾性和排中性。同一性认为事物的本质不会发生变化，一个事物永远是它自己；非矛盾性相信一个命题不可能同时对或错；排中性强调一个事物要么对，要么错，无中间性。西方人的思维方式也叫分析思维，他们在考虑问题的时候不像中国人那样追求折中与和谐，而是喜欢从一个整体中把事物分离出来，对事物的本质特性进行逻辑分析。

简单说来，东西方说话及其思维方式的差异在于：

西方——直线型

东方——拐弯抹角

例文 1.

A：医生，病人情况怎么样？

B：对不起，我们已经尽力了。

例文 2.

A：Open the door.

B：Could you open the door?

正如日本语用学家小泉保讲到的一个故事："大黑天"在遥远的印度是一个充满愤怒、杀气腾腾的战神，被带到中国后，便作为厨房的守护神受到祭奠；东渡日本以后，则变成七福神的代表，坐在草袋上，身背口袋，和颜悦色地微笑着，成为和蔼可亲的招福神。

由此，小泉保认为，言语表达也同样，越是远离严酷的现实，请求就越是平和，敬意也越浓厚。

（二）礼貌原则

礼貌原则是英国著名语言学家利奇于 1983 年提出的一条语用原则。利奇认为，交际中人们有效地使用语言是因为交际双方共同遵循了人际言语交往的一系列语用原则。礼貌原则就是其中的一条重要的语用原则，它约束着人们的语言活动，帮助减少交际双方的摩擦和矛盾，促使交际者得体地使用语言，从而取得交际的成功。

定义："礼貌"本身是日常生活行为中具有道德或伦理意义的一项行为准则，包括人们为维护和谐的人际关系所做出的种种努力。但是，礼貌这一概念一旦进入语用研究的领域，就有其独特的理论内涵。礼貌原则从总体上可表述为：在其他条件相同的情况下，尽量减弱不礼貌信念的表达，尽量增强礼貌信念的表达。

例文 3.

窓を開けてくださいませんか。

能帮我打开窗子吗?

例文 4.

窓を開けていただけませんか。

能帮我打开窗子吗?

解析：以上两个例句都属于日语中礼貌且客气的请求方式。日语中，经常会用敬语表达、授受表达、委婉表达等不同形式来表达礼貌、客气的语气，使询问、命令等语言行为变得不生硬，带有温文尔雅的语气。

例文 5.

A：もしもし、山田さんのお宅ですか。

　　您好，请问是山田先生家吗?

B：はい、山田です。

　　是的，我是山田。

A：こちらは鈴木です。すみませんが、太郎さんをお願いします。

　　我是铃木。不好意思，我找太郎。

B：太郎は今、出かけています。

　　太郎现在出门了。

A：何時ごろお帰りでしょうか。

　　他大概几点钟回来呢?

B：さあ、分かりませんが。

　　这个，我不清楚。

例文 6.

A：ちょっとお尋ねしますが。

我向您打听一下。

B：はい、何でしょうか。

嗯，什么事？

A：銀座通りへはどう行ったらよいのでしょうか。

银座大街怎么走？

B：この通りをまっすぐ行ってください。

请沿着这条道路一直往前走。

A：どうもありがとうございます。

非常感谢。

例文 7.

A：あのう、すみません、ちょっと伺いたいのですが。

啊，对不起，我想请问一下。

B：はい、何でしょう。

嗯，什么事？

A：このへんに病院がありますか。

这一带有医院吗？

B：ええ、ここから 10 分ほどです。

有，离这里 10 分钟左右的路程。

A：どう行ったらよいでしょうか。

怎么走呢？

B：その角を左へ曲がって…

从那个路口向左拐……

A：すみません、どこの角ですか。

对不起，是哪个路口？

B：あの銀行の横です。

那家银行的旁边。

A：そうですか。どうもありがとうございました。

是这样啊，非常感谢。

（三）利奇的礼貌原则

利奇提出的礼貌原则，是语用学研究的一项重要内容。该原则涉及六个必须注意的礼貌范畴，它们分别是“得体”“慷慨”“赞誉”“谦逊”“一致”“同情”。它的提出弥补了合作原则的某些不足，有重大的语用学意义。其具体内容是：

- 得体原则——尽量少让别人吃亏，尽量多让别人得益。
- 慷慨原则——尽量少让自己得益，尽量多让自己吃亏。
- 赞誉原则——尽量少贬低别人，尽量多赞誉别人。
- 谦逊原则——尽量少赞誉自己，尽量多贬低自己。
- 一致原则——尽量减少双方的分歧，尽量增加双方的一致。
- 同情原则——尽量减少双方的反感，尽量增加双方的同情。

例文 8.

A：しゃれたブローチをしていますね。

你戴的胸针好时尚啊！

B：シンガポールで見つけたんです。

我在新加坡看到的。

A：なかなか民族工芸の特色が出ていて、いいですよ。

很有民族工艺的特色，真好看啊。

B：どうもありがとう。

谢谢。

A：この指輪は？

这个戒指呢？

B：ああ、これはタイで買ったんです。

啊，这是在泰国买的。

A：とってもきれいですね。高かったんでしょう。

好漂亮啊，很贵吧？

B：いえいえ、安物ですよ。

没有没有，很便宜呢。

A：田中さんがつけると、安物でも高く見えますねえ。

田中你戴着，即使很便宜看上去也很贵呢。

B：ほめすぎですよ。

你过奖了。

例文 9.

A：あなた、この背広どう？

老公，这件西服怎么样？

B：背広って、この茶色のかい？

你说的西服，是这件茶色的吗？

A：そうそう、ちょっと着てみて、あら、すてきだわ。

是的是的，穿一下看，哎呀，好帅啊。

B：ちょっと派手すぎないか。

是不是有点儿太花哨了？

A：大丈夫よ。パーティーに着て行くんだから。

没事的，要穿着参加宴会嘛。

B：ネクタイは？

领带呢？

A：この青いのはどう？ほら、背広とぴったりよ。本当に似合ってるわ。

这条蓝色的怎么样？你看，跟西服很配呢。很合适啊。

B：そうかい。どうもありがとう。君にそう言われると、うれしいよ。

是吗？谢谢。经你这么一说，我很开心。

例文 10.

A：わたしの日本語はどうですか。

我的日语怎么样？

B：とても上手ですよ。

很好啊。

A：でも、なかなか日本人と話すチャンスがなくてね。

不过，很难有机会和日本人交流。

B：なるべく、日本人に話しかけるようにしてみることです。

你应该尽量找机会跟日本人说话。

小结：利奇的礼貌原则与格赖斯的合作原则是互补的，这种互补关系表现为礼貌原则援助了合作原则，采用礼貌原则可以合理地解释交际过程中说话人虽然貌似违反了合作原则，但是在言语交际中并非失败的问题。

利奇认为：

- 策略准则比宽宏准则对会话行为更有制约力。
- 赞扬准则比谦虚准则更重要，因为礼貌多考虑他人而非自身。
- 对说话人的礼貌总是比对第三方的礼貌更加重要。

（四）礼貌原则和合作原则的关系

格赖斯提出的合作原则解释了话语的字面意义和实际意义之间的关系，即说话人如何通过有意违反合作原则的四条准则，含蓄间接地表达自己的意图，让听话人推断出会话的含意，但他却没有解释说话人为什么要时常拐弯抹角地表达自己的意图。

利奇提出用礼貌原则来解释其中的原因，以补救合作原则的局限性。他认为说话人故意违反合作原则的一些准则是为了遵循礼貌原则。

二者的比较：利奇的礼貌原则为解释交际者为什么违反会话准则找到了一个不是唯一但较为合理的答案，礼貌原则是合作原则的补充。合作原则和礼貌原则之间存在一种进退相让的关系。但在交际中是考虑合作原则多一点还是礼貌原则多一点则需要根据具体的语境，如交际目的、交际双方的关系、交际的背景等做出相应的决定。

利奇对礼貌策略的界定比较模糊，相比之下，布朗和列文森所提出的礼貌策略似乎清楚些。在他们看来，礼貌就是“典型人”（model person，简称 MP）为满足面子需求所采取的各种理性行为。他们的礼貌概念本质是策略性的，即通过采取某种语言策略达到给交际各方都留点儿面子的目的。他们的礼貌理论通常称为“面子保全论”（FST）。

（五）面子和礼貌原则

发展历史：1967 年，社会语言学家戈夫曼于 1967 年提出了面子概念。

1978 年，布朗和列文森在戈夫曼的基础上修订和拓展提出面子论。

1987 年，布朗和列文森提出，面子论包括积极面子和消极面子。同时，面子威胁行为被提出。同年，面子保全论被提出。

面子概念和面子理论：戈夫曼认为，面子是社会交往中人们有效地为自己赢得的正面社会价值，是个体按照社会赞许的标准表现的自我形象。

布朗和列文森将面子定义为每一个社会成员意欲为自己挣得的那种公众中的“个人形象”，包括积极面子和消极面子。

积极面子：希望被别人接受，得到别人的喜爱和赞同，被当成同一群体的成员，自己的需求得到别人的理解，以及受到别人的尊敬。

消极面子：希望自己的行为不受别人的干涉和阻碍，自己能独立自主，有决定自己行为的自由。

例文 11.（维护听话人的面子）

A：Oh wow,what lovely flowers!

哦，哇，多可爱的花啊！

B：Thank you so much.

真是非常感谢。

例文 12.（威胁听话人消极面子）

Wash the dishes.

洗盘子。

例文 13.（维护说话人的面子）

A：I'm very sorry.

很抱歉。

B：I should have been more careful.

我应该更小心点儿。

例文 14.（威胁说话人自己的消极面子）

A：I'll wake you up tomorrow morning.

我明天早上叫醒你。

B：I promise.

我保证。

威胁面子的行为：

在会话等言语交际中，有些言语行为是交际双方的积极面子和消极面子或多或少地受到威胁，这些言语行为即“面子威胁行为”。

布朗和列文森认为，许多言语行为本质上是威胁面子的，讲究礼貌就是要减轻某些交际行为给面子带来的威胁。社会交往中既要尊重对方的积极面子，又要照顾到对方的消极面子，这样才能给对方留点儿面子，同时也给自己挣点儿面子，以免带来难堪的局面或使关系恶化。言语交际中的礼貌策略只是一种手段，使用礼貌策略这一手段的真正目的是为了更好地达到交际目的，满足人们的面子需要。威胁面子的行为有四种，并具有如下意义。

- 言及听话人某些将来的动作，并因此使其感到不得不去做这一动作。（如命令、忠告、强迫等）
- 对听话人的积极面子的某一方面做出负面评价的言语行为。（如不平、非难、反论等）
- 对说话人的消极面子做出威胁的行为。（如接受申请、接受谢辞、不愉快的约定等）
- 对说话人的积极面子做出威胁的行为。（如谢罪、告白、接受赞美等）

面子威胁行为的程度：包括说话人和听话人之间的社会距离（social distance）；说话人和听话人之间的相对权势（relative power）；特定文化中，言语行为本身所固有的强加的绝对级别（absolute ranking of imposition）。

（六）关于礼貌的策略

礼貌的策略：包括赤裸裸地公开施行面子威胁行为；积极的礼貌策略；消极的礼貌策略；非公开的策略；不施行面子威胁行为。

礼貌策略的说明：以“借笔”为例，来解释一下五种礼貌策略。

假如你去参加一次重要的学术报告会议，拿出笔记本准备记笔记，却发现忘了带笔。你认为坐在你旁边的某个人可能会有多余的笔。在这种情况下，你可以采取五种策略里的任何一种。

例文 15.

Give me a pen.

给我一支笔。

例文 16.

Lend me your pen.

借我一支笔。〈直接表达所思所感〉

例文 17.

How about letting me use your pen?

借给我一支笔，可以吗？〈积极礼貌策略〉

例文 18.

Could you lend me a pen?

能借给我一支笔吗？〈消极礼貌策略〉

例文 19.

Uh, I forgot my pen.

嗯，我忘记带笔了。〈语言暗示〉

例文 20.

（在袋里找笔。）

（旁边的人主动借笔给你。）〈不实施面子威胁行为〉

礼貌策略的不足：布朗和列文森把面子分为积极面子和消极面子，并认为某一言语行为每次只威胁一种面子。对此，语用学界颇多微词，认为有些言语行为（命令和请求）可以同时威胁说话人或听话人的两种面子。

例文 21.

宿題をもう一度、書いてください。

把作业再写一遍。

布朗和列文森认为，面子威胁行为的大小是社会距离、相对权势和强加级别这三种因素的简单相加之和。其实三者的作用各有不同，相对权势似乎比另外两种因素来得重要。

布朗和列文森还认为，几乎所有的言语行为都对面子构成威胁，其中包括了像提供、邀请、恭维、感谢这样的言语行为，对此，人们从本能上会感到难以接受。

礼貌和文化价值：布朗和列文森以及利奇都认为，其礼貌理论具有普遍性，这是他们受到指责的众多原因之一。其实他们自己也清楚地意识到礼貌受文化的制约。

利奇也认为，在不同文化中，礼貌原则中的各种准则，其重要性是不尽相同的。他指出："东方有些文化社团（如中国、日本）比西方国家有更重视谦虚准则的倾向；操英语的社团（尤其是英国）更注重策略准则和反语准则；地中海国家更重视慷慨准则，而不大重视谦虚准则。”（1983：150）经过对比研究之后，他得出结论，礼貌原则是具有普遍性质的，但礼貌原则下的各准则，其重要性因文化、社会或语言环境的不同而有所不同。

礼貌是一种可以观察到的社会现象，一种为达到一定目标的手段，一种约定俗成的行为规范；礼貌的语言和礼貌的行为只是表层的现象，是特定文化价值在语言中的折射，只有深入到文化的深层中去，才能透过这种表象，挖掘出其真正的特征，才能成功地解释其本质特征。

礼貌是不同文化背景的人都须遵守和维护的准则。讲究礼貌是人类社会的文明标志，但不同文化背景的社会具有不同的礼貌规范。比如，对待赞扬的态度，东西方人是截然不同的。前者一般竭力贬低自己，否定赞语的真实性，以示谦虚，后者则欣然接受。

中国文化学者顾曰国回顾了礼貌原则这个概念在汉文化中的历史起源，并根据汉文化中的德、言、行的礼貌要求，对利奇的策略准则和慷慨准则进行了修订，同时提出了不同于西方学者的礼貌准则。他认为，礼貌在汉文化中有四个基本要素：尊重他人、谦虚、态度热诚、温文尔雅。

尊重他人：指的是对他人的肯定、欣赏、顾及他人的面子、社会地位等。

谦虚：是贬己的另一种说法。

态度热诚：是指对对方的关心、热情。

温文尔雅：指自己对他人的言行要符合某种标准。

钱冠连提出十一种语用策略，具体排列顺序是：得体、谢绝夸奖、虚抑实扬的恭维、把对方当第三者、把自己当第三者、借第三者之口说出自己的意思、多种言语行为与礼貌策略伴随、运用权威、回避、表面一致而事实否定，以言代行的答复等十一种手段。在适当的时间、适当的空间（场所）、对适当的人说了适当的话，这便是言语得体。“此时此地对此人说此事，这样的说法最好；对另外的人，在另外的场合，说的还是这件事，这样的说法就不一定最好，就应用另一种说法。”（吕叔湘，1986）

看对象，是看对象的社会角色、文化修养、个性与爱好、知识水平、家庭辈分、在当前事件中是什么角色，说话人才能有合适的话语。例如，与农民交谈科学术语，对谨慎的人大谈第三者的不是，对小学生谈“后现代”，对一个贪官大谈清廉的高尚，对个体户议论说无商不奸，诸如此类。轻则谈话气氛紧张，重则翻脸、绝交。这都是语用失误。

语用策略举例说明：

A. 得体：在适当的时间。对同一个说话对象，同一个空间，时间不同，有些话就有适当与不适当的问题。再例如：“文革”中称先生、小姐（有资产阶级之嫌），称同志和战友（显示无产阶级的阶级关系）。另外，像“皇家英语中心”“饺子王”“王中王”“帝王饭店”“小霸王”等，当时敢于这样自称的商家，要不就是讨伐挨批斗，要不就是被看作神经不正常。而“东方红商场”“卫东商店”“反帝大楼”却是恰当的。

两人在学术讨论会上，满嘴术语，句子严整而规范，是必要且恰当的。会议结束后，时间不同了，两人再仍然如此谈话的话，就是不恰当也没必要了，因为那就显得生硬、不亲切。相反，使用的句子支离破碎，话题东扯西拉，那反而是适当与必要的了，因为那样显得随便与亲切。对说话人自己来说，能够说出得体的话，都必须要有常识、修养、道德、观察时空的能力。所谓世事洞明，人情练达，说话就可能得体。

B. 谢绝夸奖：中国人对夸奖，一般都是谢绝。而西方人则是欣然接受。谢绝夸奖的目的在于：表示谦虚；让对方心里平衡；把荣誉让出去与对方共享；或是遵从了汉文化和道德的传统。（如哪里哪里、不好不好、不怎么样、不行不行、一般一般、不能这么说等）

C. 把对方当第三者：对张三说话，意中却是让在场的李四听。张三只是中转，李四是真正的听话人。这样的策略，肯定是有极微妙的隐含意义。

例文 22.

（妻子对抱在怀中的宝宝说）

不哭不哭，爸爸明天要走了，给爸爸说，别忘了给我们写信。

D. 把自己当第三者：用代名词或“人”“小的”指称自己，这样做也有各种隐含意义。这种用法非常普遍。

例文 23. 你别冤枉人了。你心中哪有人家哟。你只会欺负人。

例文24. 小的不敢。小的不敢瞎说。

例文25. 宝宝不哭，妈妈不好。

E. 借第三者之口说出自己的意思：这一策略隐含的意思较为丰富。说话人的心态之一是：为了表明话语所传信息的客观性。好比说，你瞧，这不仅仅是我的意思，也是别人，甚至是群众的意见。事实上可能仅仅是自己的意思。

例文26. 乙对甲：大家都说这个人不好惹。

F. 多种言语行为与礼貌策略伴随

汉语文化里确有礼貌策略，且有它鲜明的特点，那便是：许多其他的言语行为，如同意、邀请、表扬、赞许、批评、反驳、谩骂、揭露、讽刺、挖苦等等，都要伴随着礼貌策略。有些言语行为，如同意、邀请、表扬、赞许等等，天生就与礼貌策略相近或一致时，这两种言语行为显不出矛盾。

可是当两种言语行为相去甚远时，那伴随的礼貌策略就显得特别高雅与得体。混合着的两种言语行为相互牵制，使主要的言语行为，如批评、反驳、谩骂、揭露、讨价还价等受到缓冲，于是显得含蓄、婉转。这可能是中国人的中庸之道起了作用，是独特的汉语文化心理起了作用。

小结： 礼貌既是一种为各社会群体所共有的普遍现象，又受制于不同语言群体的不同文化背景，反映不同文化价值观，因此在不同的文化中遵循礼貌准则的程度以及表现方式是有差异的。中西方为了保全面子而采取礼貌策略这一点是相同的，但是对面子的解读上，却是同中有异。在西方文化中，日常生活中的面子更贴近于“负面面子”，他们更重视负面礼貌，而在中国文化中更多的是用的“正面面子”，没有“负面面子”这一概念，这也是中西方不同的价值观所造成的。总的来说，就是西方文化中以个人为中心的价值观和中国人以群体依存为特征的价值观决定了不同的礼貌策略。

二、实例分析

素材简介：选自2012年富士电视台播出的日剧『リーガルハイ』(《胜利即是正义律政狂人》)，该剧讲述的是官司胜诉率高达100%却性格偏执的律师古美门研介与直率得有些鲁莽的后辈黛真知子这对“凹凸组合”一起解决疑难案件的故事。

（一）得体准则

古美門研介：バナナはおやつに入りますか。
　　　　　　香蕉算是零食吗？
井手孝雄：黛先生、ここ、どうぞ。
　　　　　黛律师，请坐这边。
黛真知子：はい。
　　　　　嗯。
井手孝雄：晴れてよかったですね。
　　　　　天晴了，真好啊。
黛真知子：そうね。

是啊。

古美門研介：私はタクシーで。

我坐出租车去。

裁判官：ここ、空いています。

这里还有位置。

古美門研介：しりとりでもしますか。冗談ですよ。

我们来玩接龙吧？开玩笑哟。

裁判官：ゴリラ。

大猩猩。

井手孝雄：やるの？

真的玩吗？

文本分析：利奇提出的得体准则是指使他人受损最小，受惠最大。古美门、井手、小黛和法官一起去现场，四人同坐一部车，古美门为了打破车上的沉闷气氛，就提议道“一起来玩接龙吧”，这个提议可以让车上的气氛轻松一点儿，体现了得体准则。

（二）慷慨准则

服部：お一人で、頑張ってらっしゃるんですから、今夜は黛先生のお好きなエスニック料理にでもいたしましょうか。

黛律师一个人在法庭上辩护，今晚就准备她最喜欢的民族特色料理吧。

古美門研介：気を使う必要ありませんよ。どうせ、今頃がに股で叫んでますよ。「仲良しのお隣同士に戻れるはずです！」って。

没必要这么为她上心，反正现在肯定正在叉着罗圈腿在乱叫呢：一定可以找回曾经美好的邻里感情。

文本分析：利奇提出的慷慨准则是指使自己受惠最小，受损最大。古美门的私人管家服部看到小黛一个人在法庭上辩护很辛苦，就提议“今晚就准备她喜欢的民族特色料理”，这一提议体现了慷慨准则。

（三）赞誉准则

古美門研介：気を使う必要ありませんよ。どうせ、今頃がに股で叫んでますよ。「仲良しのお隣同士に戻れるはずです！」って。

没必要这么为她上心，反正现在肯定正在叉着罗圈腿在乱叫呢：一定可以找回曾经美好的邻里感情。

加賀蘭丸：似てる。似てる。

真像、真像。

古美門研介：仲良しのお隣同士に戻れるはずです！

一定可以找回曾经美好的邻里感情。

黛真知子：仲良しのお隣同士に戻れるはずです！

一定可以找回曾经美好的邻里感情！

文本分析：利奇提出的赞誉准则是指尽力缩小对他人的贬损，尽力夸大对他人的赞扬。古美门模仿小黛在法庭上辩护的表现，说："一定可以找回曾经美好的邻里感情。"古美门的听差加贺附和道"真像、真像。"这一附和体现出加贺对古美门的模仿表现非常赞扬。

（四）谦逊准则

古美門研介：妖怪人間ベラみたいになってきてるぞ。もう整形しろ。
　　变成妖怪人贝拉了。你快去整形吧！
服部：駄目駄目！あの、下地を丁寧に作りませんと色が綺麗にのりません。
　　不行不行！不把底妆擦好，颜色就不会鲜亮。
黛真知子：ひょっとして服部さんはコスメティシャンのご経験が？
　　服部叔该不会有化妆师的经验吧？
服部：あの…、実は…
　　那个……，其实……
古美門研介：やってもらえ。やってもらえ。
　　让他给你化，快给你化！
服部：それでは、腕によりをかけまして。お座りください。
　　那我就来尽情发挥一下我的手艺。请坐。
黛真知子：はい。
　　好的。

文本分析：利奇提出的谦逊准则是指尽力缩小对自身的赞扬，尽力夸大对自身的贬损。小黛为了审理案件在化妆，古美门的管家服部指出这样化妆不行。小黛问道“服部叔该不会有化妆师的经验吧？”，服部在京都是担任过化妆师的，但这里他回应道“那个……其实……”，这种隐晦表达体现了谦逊准则。

（五）一致准则

黛真知子：どちらが悪いわけでもありません。しかし、今まで何もかも同じだった2人にとっては小さな差が大きな心の溝になっていきました。

这不能说是谁对谁错。但是一直什么都一样的两个人因为微小的差距产生了巨大心结。

裁判長：黛先生、あなたもブロードウェー志望ですか？

黛律师，你也想上演百老汇吗？

黛真知子：自分でも知らぬ間に！申し訳ありません。裁判長、決して古美門に影響を受けているわけではありません。あの人を軽蔑してるんで。完全に、裁判長寄りの人間ですから私は。そこのところ、どうか。

我也不知不觉就……！实在抱歉。法官，我绝对没有受古美门影响。我鄙视他，我完全是向着您的。请您明鉴啊！

文本分析：利奇提出的一致准则是指尽量缩小自己和他

人之间的分歧，夸大自己和他人之间的一致。新人律师黛真知子在法庭辩护中表现夸张，和古美门律师相仿，法官反问“黛律师，你也想上演百老汇吗？”，从小黛的回应中可以看出她试图和法官保持意见的一致。

（六）同情准则

古美門研介：現場なんかに行くことないだろ。だいたい何でみんな一緒に行くんだ。面倒くさい女だな。

根本没必要去什么现场。再说大家为什么都得一起去？那个女人真麻烦。

黛真知子：これも裁判官の権限ですから。まあ、遠足と思えば楽しいじゃないですか。全員、揃ったようなので、質問がなければ出発します。

这也是法官的权限。就当是去郊游不是很好吗？人都到齐了，没什么问题的话，就出发吧。

文本分析：利奇提出的同情准则是指尽力缩小自身对他人的厌恶，尽力夸大自身对他人的同情。古美门和小黛在法官的要求下要去现场，对此古美门吐槽表现出了厌烦情绪，但小黛安慰他，说道“这也是法官的权限。就当是去郊游不是很好吗？”，从这里可以看出小黛也很无奈，和对方一样的心情，体现了同情准则。

第九章　语用修辞

一、相关概念

（一）引言

《日本书记》由创世神话开始。神话学方面接受这是暗示卵生神话存在的说法。所谓卵生神话，讲述的就是从卵中创造天地万物这一过程的故事。

根据芬兰的神话故事，传说少女伊尔玛塔尔在原始上空漂浮着，有只鸭子飞到她的膝盖上生了蛋。她的膝盖发热起来，不禁摇晃了一下身子，鸭蛋滚落到海里摔破了，于是乎：

卵の上のほうは	上にあると大空なった。
黄身の上のほうは	太陽となって輝き、
白身の上のほうは	月となって照らした。
卵の中のまだらなもの、	それは星となって大空へ、
卵の中の黒いもの、	それは天空の雲となった。

这里讲述着世界神话中最美丽的天地创造的故事情景。

像这样，日本的史传的开头部分也使用了比喻。总之，比喻是文学的最高技术，恐怕语言的产生和比喻的起源是同一时期吧。

近年来从心理学和符号论的角度来看，鉴于比喻的研讨正在进行中，我们可以从语用学的立场尝试着对比喻这一现象进行分析。这里采用的“修辞”，主要是指作为比喻手段的直喻、隐喻、换喻、提喻、夸张法、缓叙法以及同语反复和讽刺等。

（二）明喻和暗喻

1. 明喻和暗喻的研究史

明喻，是比喻的一种，明显地用另外的事物来比拟某事物，表示两者之间的相似关系。常用“如”“像”“似”“好像”“像……似的”“如同”“好比”等比喻词。

例文 1. 水像无边的跳荡的水银。

例文 2. 那对树叶像一片片玻璃片一样透明、清亮。

例文 3. 每一朵盛开的花像是一个张满了的小小的帆。

暗喻，是一种隐晦的比喻。本体和喻体同时出现，它们之间在形式上是相合的关系，说甲（本体）是（喻词）乙（喻体）。喻词常由“是、就是、成了、成为、变成”等表判断的词语来充当。

例文 4. 认识美的本能是上帝给我们进天堂的一把秘钥。

例文 5. 地中海沿岸成为西方文明的摇篮。

例文 6. 一本你喜爱的书就是一位朋友。

例文 7. 勤奋是狂风暴雨后开出的海棠。

法国的比喻研究者福特涅（Fautner）断定说：我们可以将“暗喻称为减缩后的明喻”。在威斯特的字典上面写着：“暗喻可以看作是一种简化的明喻。”

2. 明喻和暗喻的区别

明喻：

- 要求对方说明性地共享新的认识。
- 通过说话人的智慧阐述个人的想象力。
- 读者会遇到一种“既成事实”。
- 表达的意思是整个句子的字面意义。

暗喻：

- 期待着对方具有预先共知性的直觉后加以表述。
- 通过个人的想象力来表现出感性的表述。

例文 8.

太阳像大火球一样熊熊燃烧。

太阳熊熊燃烧。

如上所述，明喻和暗喻的区别和规定因说话者而异，有时也会提出相反的意见。

3. 暗喻的理论

虽然没有详细介绍关于暗喻的理论，但是作为主要的流派，可以分为类似说和相互作用说。

（1）类似说

类似说，从著名希腊哲人亚里士多德的《诗学》出发。暗喻是指对于某件事，原本是指其他东西的词语，其适用范围可具体分为如下四种转用的情况。

- 指“本体”的词被转用到“喻体”上的情况
- 指“喻体”的词被转用到“本体”上的情况
- 指“本体”的词被转用到别的“喻体”上的情况
- 根据类比关系有被挪用的情况

关于“喻体”“本体”这两个概念，如果把“喻体”当作某一个体来考虑的话，“本体”是那一个体集合的概念。即：

喻体——表示个体

本体——整合了个体的概念

小结：这种“类似说”作为比喻的基本理论，长期以来支配着西欧人的思维。最近，开始提倡“相互作用说”这一说法。

（2）相互作用说

布莱克（Max Black）高调提倡暗喻的“相互作用说”，对后来的暗喻分析带来很大的影响力。

暗喻是一种饶有趣味的语言现象，在中国文化中源远流长。历代散文和诗歌中“比、兴”两种手法均运用甚广，中国对暗喻的研究也不乏其人，如战国时期著名哲学家惠施就说过，暗喻是“以其所知谕其不知而使人知之”。

布莱克将暗喻的喻体称为“焦点”，其他部分命名为“框架”。呈现以下图示：

例文 9.　| 人間は　狼　だ。|

解析：用实线围住的“人間は～だ”是框架，用双下画线标注的“狼”是焦点。于是，布莱克因此说明，这个焦点的网眼是由某个语言社会的一般认知决定的，不是出于动物学上的知识和狼的习性。总之，网眼可以说是某语言社会的成员关于“狼”联想到的各种认知的集成。

4. 比喻的结构

作为用来比喻的“喻体”，是对应作为比喻的“主体”，因为将这二者结合起来的条件是“喻词”，故此，关于比喻句子的结构，可以设定为如下的图示结构。

《主体》——————《喻体》

《喻词》

将主体和喻体连接起来的主要原因，即根据用于比喻的语境及其习惯的意思外，还要结合社会背景、动员百科全书的知识来进行推论。这种推论的方法在语用学研究中称为"推意"。

例文 10.

叶子出水很高，像亭亭的舞女的裙子。

（本体）　　（喻词）　　（喻体）

例文 11.

太阳　是个忠实的向导，它在天空给你指引方向。

（本体）（喻词）　（喻体）

例文 12.

我抬起头，看见母亲的两鬓又添了一些银丝。

（喻体）

比喻的作用：无论是明喻、暗喻、转喻、提喻，它们都具有共同的语用功能，这些修辞手法能使深奥的道理变得浅显，使人物形象鲜明，使景物形象化，给人以丰富的想象，使语言简练、明快、生动，使标题醒目、动人。

（三）转喻和提喻

1. 转喻（借喻）

据说最近的年轻女孩子有讨厌“胖子”“矮子”“秃头”、憧憬“高学历”“高身材”“高收入”的倾向。“デブ”指的是“肥胖的男人”，“高身長”指“高个子男生”。类似这种用某个事物的属性来指代该事物的方法，就称作“转喻”（メトニミー）。

例文 13.

A：そんなに食ってデブになるぞ。

你吃那么多，会变成胖子的。

B：もうデブだからいいよ。

反正已经是这么胖了，无所谓了。

A：少しは気にしろよ。

好歹你也注意点儿吧。

例文 14.

チビはチビでも，力は強い。

虽是个矮子，力量可很大。

「チビ」というあだ名の少年

外号“矮子”的少年

例文 15.

ひたいがはげ上がっている。

额发脱落了。

理查兹（Richards）1965 年将转喻规定为“用与之有直接

关系的其他东西的名称来称呼某个东西的用词方式”。他解释说，“转喻的代用法，是基于事实上或者思维中连接起 A 和 B 邻近性、共存性、相互依存性之间的纽带作用的”。

2. 提喻

提喻是不直接说某一事物的名称，而是借事物本身所呈现的各种对应的现象来表现该事物的一种修辞手段。提喻又称举偶法。提喻与换喻相比，换喻主要借助于密切的关系与联想，而提喻则是借助于部分相似。

提喻大致归纳为四种情况：

- 部分和全体互代：It is hard to earn a dollar these days.〈美元指代钱〉
- 以材料代替事物：His parents bought him a new set of wheels.〈轮子指代汽车〉
- 抽象和具体互代：He has many mouths to feed.〈嘴指代家庭成员〉
- 以个体代替整个类：The price of the meal is set at twenty pounds per head.〈头指代顾客〉

转喻和提喻的区别：转喻中的 A 和 B 虽然是独立的个体，但却有着某种关系。与此相对应，提喻则是 A 包含在 B 中，二者形成了某种统一。

现在假设 A 和 B 处于整体和部分的关系。拿出“树”这一物体来进行具体分析，“树”这个整体是由“树枝”“树叶”“树干”“树根”等构成的。也就是说,“树枝”“树叶”“树干”“树根”等便是“树”的部分。如果，将这些关系用公式来表述的话，下面的转喻等式成立。

转喻：树 = 树枝 and 树叶 and 树干 and 树根……

即，这种用“树枝”“树叶”“树干”“树根”等来替代“树”的用法，便是转喻。

与转喻相比较而言，提喻处于“A 是 B 的一种”这种“类别”和“种类”的关系中。以“花”为例,“樱花”“蔷薇”“百合”“牡丹”等都属于花的类别。归纳于下列的公式，用 Σ 来表示提喻的话，

提喻：花 ⊃ 樱花 or 蔷薇 or 百合 or 牡丹……

也就是说，“A⊃B”是表示 A 涵盖着 B 这一包含关系的逻辑符号。

总而言之，两者的关联关系是：

转喻：树枝是树的一部分，树叶是树的一部分 ……（整体和部分）

提喻：樱花是花的一种，蔷薇是花的一种 ……（种类和类别）

这便是二者明确的区别所在。但是，一旦进入具体的例句，转喻和提喻之间还是会产生混乱。

小结：总体而言，转喻和提喻都是用一个词指代某一个概念。它们的不同之处在于：

转喻：所用的词指代该词义所含的特定功能范围。比如，ear 指代 hearing、taste 指代 gourmet 或 cooking；

提喻：所用的词指代该词所属的同类整体，或者所包含的组成部分，如种类与该种类的成员。

转喻的功能：转喻是在提及事物时不用其本身的名字称呼而是用与它密切相连的概念来替代它的一种修辞格。它着重的是事物本身的特点或它与其他事物之间的特殊关系。

- 用身体部位来替代它的相关功能

He has a good ear for music.（耳朵指代欣赏音乐的能力）

- 用某人的名字指代他的作品或风格

Do you like Dickens?（狄更斯指代他的典型风格）

- 用地名指代它的地方产品或在此处发生的事件

He was behind the arras.（阿拉斯指代这个法国小镇）

提喻的功能：根据牛津词典的解释，提喻是一种用局部代替整体或整体代替局部、种类代替个体或以个体替代种类、以材料代替所制成的物品的修辞格。

例文 16. 時は、金なり。（格言）

解析：这个格言建立在“时间和金钱都是贵重的”这一认知的基础上。

（四）夸张和缩小

这两种修辞方式是为了达到某种表达效果的需要，对事物的形象、特征、作用、程度等方面着意夸大或缩小。二者运用丰富的想象力，在客观现实的基础上有目的地放大或缩小事物的形象特征，以增强表达效果。

例文 17. 飞流直下三千尺，疑是银河落九天。

例文 18. 烈日下，柏油路都快熔化了。

1. 夸张手法

夸张是指为了启发读者或听者的想象力或加强所说的话的力量，用夸大的词语来形容事物的手法。

例文 19. 云朵般大小的飞机在蓝天上如火箭一样飞翔。

例文 20. 他饿得都可以把一头大象给吃了。

例文 21. 这橘子酸得我的牙都快掉了。

例文 22. 去年一点相思泪，至今流不到腮边。

例文 23. 蜀道之难，难于上青天。

2. 缩小手法

缩小是故意把客观事物说得“小，少，低，弱，浅”的夸张形式。对事物形象、性质、特征、作用、程度等加以缩小。

例文 24. 在这里只能看到巴掌大的一块天地。

例文 25. 三十年过去了，弹指一挥间。

例文 26. 芝麻粒儿大的事，不必放在心上。

例文 27. 他的心地狭小，连一粒小沙子都容不下。

例文 28. 教室里静得连根针掉在地上也听得到。

小结： 夸张和缩小的修辞手法的语用功能：第一是揭示事物的本质，给人以启示；第二是烘托交际时的气氛；第三是增强说话的感染力；第四则是增强听话人的联想、创造说话的气氛。

（五）反语

反语是故意使用与本意相反的词语或句子来表达本

意，也叫“倒反”或“反话”。

例文 29. 几个弱女子竟能百发百中地射中靶心，这是多么惊心动魄的伟大啊！

例文 30. 听说领导要把那个连语文基准都不达标的人调任为图书馆主任，果然够勇！

例文 31. 被叫作“差不多”的先生真是一位有德行的人。

反语的语用功能：运用反语手法，能更好地表达深刻的思想和激昂的感情。反语的语用用途主要有：

- 直接表达禁止和压制时，以反话表达正面的意思。
- 面对荒谬不硬加驳斥，而是谬上加谬，使其荒唐之处极端放大而达到归谬目的。
- 正面语言难以表述强烈情绪时，以此表达加强效果。
- 通过颠覆既定习惯，产生幽默。

（六）讥讽

讽刺是一种修辞手法，言辞或情景所表达的表面意思与其本意相反。讽刺的功能是用于暴露提及对象的缺点和可笑之处，从而产生幽默的效果。

例文 32. 大叔，你的样子好棒哦，跟棒槌一个样。

例文 33. 我每次看到你的感觉真特别，就像是我做噩梦时候的感觉一样。

例文 34. 你再好也就是个胖子！天天吃吃吃是要变成猪吗！

例文 35. 你要是鲜花，以后牛都不敢拉粪了！

例文 36. 时间是最好的老师，但遗憾的是——最后他把所有的学生都弄死了。

例文 37. 你有鲜花一样的外表，梅花的品质、荷花的心灵、桃花的笑容、葵花的风姿，活脱脱就一个花痴嘛！

二、实例分析

素材简介：素材一选自 2019 年的日剧『おっさんずラブ』(《大叔之爱》)。该剧讲述了男主人公胛春田创一和机长之间的浪漫故事。

素材二选自 2012 年的日剧『ヘルタースケルター』(《狼狈》)。该剧讲述的是莉莉进行了风险极高的全身整容手术后，脱胎换骨后成为大明星，但却为此付出了极大代价的故事。

素材三选自日本台 2019 年的喜剧『俺の話は長い』(《我的事说来话长》)。该剧讲述了男主人公年过三十还依靠母亲生活，当姐姐一家搬来住后，他不得不尝试自立的故事。

素材四选自 2012 年播出的美食题材剧『みをつくし料理帖』(《澪之料理帖》)。该剧以 19 世纪初的日本为背景，讲述了在大阪学习厨艺的少女厨师澪流落江户艰难创业的故事。

（一）明喻

緋夏：まさか春ちゃん先輩が本当にCAになるなんて。

没想到小春前辈你真的成了空乘。

春：いやいや、緋夏が薦めてくれたんじゃないか。

哪里，不是你绯夏推荐的吗？

緋夏：だってあの時捨てられた子犬みたいだったから。

因为你那时候看起来像只被抛弃的小狗。

春：そんなかわいそかわいかった？

那么可怜吗？

緋夏：かわい…かわいそかった。

挺可……可怜的。

文本分析： 胛春田创一原本在一家做运动鞋的老店工作，但因为资金周转不灵在35岁被裁员，后来经绯夏的推荐应聘到航空公司工作，成为一名空乘。这里绯夏回忆当时阿春被裁员失魂落魄的样子，说到“だってあの時捨てられた子犬みたいだったから”（因为你那时候看起来像只被抛弃的小狗），这里有比喻词“みたいだ”，是典型的明喻，将阿春比喻成了被抛弃的小狗。

（二）暗喻

麻田誠：やっと会えたね。タイガーリリー。ずっと君のファンだった。

终于见到你了，老虎莉莉。我一直都很喜欢你。

莉莉子：検事？タイガーリリー？何よそれ？勝手に名前付けないでくれる？

检察官？老虎莉莉？那是什么？能不要随便给我起名字吗？

麻田誠：美しい冒険者、紛れもなく君はタイガーリリーだ。

美丽的冒险者，你就是名副其实的老虎莉莉。

文本分析：莉莉子实施全身整形的事被揭露后，检察官麻田诚找到了她，并说“紛れもなく君はタイガーリリーだ”（你就是名副其实的老虎莉莉），老虎莉莉是美国电影《小飞侠》里的人物，她是印第安酋长的女儿，也是一个自尊心很强的公主，有着刚强的性格，她想要问出彼得潘的藏身之处，可是却被铁钩船长给抓住了。全身整形是极其冒险的事情，虽然看上去很完美，但是运动平衡失调。这句中将“莉莉子”比喻成“タイガーリリー”，两者的相似性在于明明知道是有危险的，却还是去尝试，属于暗喻中的正规暗喻。

（三）提喻

满：えっ、姉ちゃん、ルンバ使ったことない？

姐，你没用过 Roomba 吧？

綾子：向こうの家でずっと使ってるわよ。

我在自己家一直都用的哟。

母：ルンバーって何だっけ？

Roomba 是什么？

光司：お掃除してくれるロボットです。

家用扫地机器人。

文本分析：岸边满与姐姐绫子、母亲就卖房问题进行了讨论。阿满问姐姐绫子“ルンバ使ったことない？”（你没有用过 Roomba 吧？），这里“ルンバ”是扫地机器人中的一种型号，属于提喻中的一种代类。

（四）转喻

旦那：おっ。そろそろ暖簾を出す頃合じゃねえか？

喂，差不多该把门帘挂出来了吧？

澪：え？さっき出しました。

咦，刚才已经挂上了。

旦那：え？じゃあ、何で客が来ねえんだよ。いつもならとうに客が行列が…

咦，那为啥没有客人呢？平常的话，早就排起长队了……

文本分析：女厨师阿澪在江户一家名为鹤屋的荞麦面店做工，用本土人瞧不起的鲣鱼做饭团，慢慢被人认可，客人也越来越多，但这道菜却被其他人效仿，生意一下子变差了。荞麦面店的老板说“そろそろ暖簾を出す頃合じゃねえか？”（差

不多该把门帘挂出来了吧？)，这里“暖簾”是商店的一部分，挂出门帘预示商店开门，而收起门帘则预示营业时间结束，属于转喻中的用部分指代整体。

第十章　认知语用学概述

一、相关概念

传统的语言学研究长期受制于乔姆斯基对形式和普遍语法追寻的束缚，一些形式语言学内的学者逐渐认识到形式研究的问题，因此开始寻究意义、语境、经验、社会等对语言的作用，语言学的研究因此进入认知语言学的阶段，它以经验现实主义或体验哲学为其哲学基础，运用第二代认知科学方法研究语言学，可以说认知语言学的出现改变了人类对语言研究的范式。

（一）认知语言学

1. 认知的发展（历史概述）

1989 年国际认知语言学会成立，创办了《认知语言学》杂志，出现了认知语法、构式语法、概念隐喻理论、心理空间理论、概念语义学、神经认知语言学等学科。

从 20 世纪 80 年代起，认知科学一直处于为世人瞩目的学科前沿，越来越受到人们的重视。认知语言学作为一种新的解释语言现象的路向，在西方，特别是在美国蓬勃发展。认知语言学是广义的认知科学的一个分支，它的研究起自一个基本前提："在语言和客观世界之间存在一个中间层次——认知"。

认知科学进入语言学领域产生了认知语言学，而在认知语言学的研究中，语言功能的认知研究，特别是语言在交际中的认知研究是当前认知语言学的重要内容。

例文 1.

李：佐藤さん、ちょっと。

佐藤，麻烦你个事儿。

佐藤：なに？

什么事儿？

李：今日授業を休むんだから、あとでノート見せてね。

今天不上课，之后借你的笔记本给我看看吧。

佐藤：うん、わかった。

嗯，好的。

解析：例句中“んだから”的误用也是源于说话人没有把握好听话人的认知状况。“今天不上课”在此语境中并非听话人已经认知到的既定信息，因此不适合附加“の”将该理由导入话语场合，否则会成为蛮横的发话，让听话人处于被指责的境地，从而导致主句中说话人的请求（“借我笔记看”）能否顺利实现成为问题。

2. 认知的环境

语言交际是明示的推理交际。在明示推理交际中，人们总是根据关联性来处理话语、认知事物。所提供的新信息如果与听话人的认知环境没有关联，人们就会对此信息置之不理。斯珀伯和威尔逊在关联理论中用语境效果和处理努力这两个正负因素来制约关联性。

例文 2.

A：What happened at work today?

今天上班时发生了什么事？

B1：Oh, the usual.

哦，还是老样子。

B2：I got fired.

我被解雇了。

解析：例文中的B今天被公司解雇了，但他不想把这一信息告诉A，这时他就可以选择B1，而不用关联性较强的B2。

雷卡纳蒂（Recanati）提出的话语解释模式是当代最有影响的认知语用学理论之一。作者在《字面意义》一书中，阐述了通过基于可及度的串行激活模式构建起的第一语用处理和以满足可得条件的推理为基础的第二语用处理，并以此为基础，论述了他对字面意义、直说、语境等一系列问题的观点，堪称认知语用学理论的经典之作。

从指示语、言语行为、预设、会话含意、礼貌原则和关联理论等方面来探析认知语用规律和语言的关系，对外语交际和语言教学具有启发与指导意义。

3. 认知语言学的兴起

认知语言学是近20年来在国际理论语言学界（特别是欧美）新兴的一个语言学学派，其确立标志为1989年春由勒内·德尔文（Rene Dirven）组织的在德国杜伊斯堡召开的第一届国际认知语言学大会。此次大会宣布于1990年发行《认知语言学》杂志，成立国际认知语言学协会（ICLA），出版认知语言学研究的系列专著。

认知语言学是语言学的一门分支学科，它以第二代认知科学和体验哲学为理论背景，在反对主流语言学转换生成语法的基础上诞生，在 20 世纪 80 年代后期至 20 世纪 90 年代开始成型。认知语言学涉及人工智能、语言学、心理学、系统论等多种学科，它针对生成语言学天赋观，提出语言的创建、学习及运用基本上都必须能够透过人类的认知而加以解释，因为认知能力是人类知识的根本。

认知语言学作为一种新兴的语言学理论和有效的研究方法，近年来在欧美和日本得到了迅速的发展。20 世纪末被引进到我国以来，凭借其巨大魅力和较好的解释力，在我国汉语学界和外语学界均取得了很大的进步。

我国资深语言学家沈家煊认为：“认知语言学这个名称，有广义和狭义两种解释。凡是将人的语言能力当作一种认知能力来加以研究的，都叫认知语言学，这是广义的认知语言学。还有一种则认为，语言能力不是一种特殊的认知能力，它同人的一般认知能力没有什么本质上的差别，这就是狭义的认知语言学。”如果从哲学背景上区分，大致可以概括为前者是客观主义，后者是非客观主义。

4. 主要流派

认知语言学不是一种单一的语言理论，而是代表一种研究范式，是多种认知语言理论的统称，其特点是把人们的日常经验看成是语言使用的基础，着重阐释语言和一般认知能力之间密不可分的联系。这些语言理论虽不相同，但对语言所持的基本假设都大同小异，都不同程度地认可上述提到的基本观点，只是在讨论和关注的具体语言现象上有所差别。

认知语言学的主要理论方法有：

菲尔墨等人的“构式语法”（Construction Grammar）；

兰盖克（Langacker）的“认知语法”（Cognitive Grammar）；

雷可夫（Lakoff）、泰尔米（Talmy）等人的“认知语义学”（Cognitive Semantics）；

兰姆（Lamb）的“神经认知语言学”（Neurocognitive Linguistics）等。

认知科学、认知语言学发展迅猛，改变了人们对认知的看法，新的思想和理论不断涌现，以兰盖克、雷可夫、兰姆等人为代表的认知语言学迅速成为语言研究的热点。与认知语言学的研究相比，认知语用学的研究似乎相对滞后，究其原因是基于两种不同的认识：一是认为认知语言学已经将语用学的研究纳入认知语言学的研究范围之中，故此语用学的独立研究似乎没那么重要；二是认为认知语言学本身就是语用的，认知语用学的研究似乎没必要另辟蹊径。受这些思想的影响，认知语用学没有跟上认知科学和认知语言学研究的潮流，研究范式不是很清晰，因此对认知语用学的再认知显得异常迫切。

（二）认知语用学

随着语言使用中的认知问题越来越受到关注，语用问题的认知研究是近年来国际语言学界涌现出来的一个新的研究热点和趋势。从研究语言表达（语义学）——研究语言使用（语用学）——向认知科学的转身（认知语用学），是现代语言学的重要特征之一。

认知语用学的认知基础是建立在逻辑实证主义基础上的认知科学观，这一范式必然带来对言语交际研究的孤立化和对象化，因此全面认识语言运用中的认知过程，建立在第一代认知科学范式的认知语用学有助于语用学的发展，可以说将认知思想融入到语用学的研究范畴成为了认知语用学研究的必然方向。

1. 认知语用学的定义

认知语用学是在认知科学及认知语言学的方法和理论框架内，对语言使用的语用知识系统、交际语境中语言的心理结构和认知过程进行研究的一门学科。

徐盛桓（2007）指出，“认知语用学是语用学在学科自身发展过程中参照认知科学的目标、理论、方法进行语用学研究的一个学科，是语用学的一个分支”。认知语用学以语言的运用作为具体研究内容来研究人们的认知过程、认知特点、认知规律。它属于语用学研究范畴，但不同于经典的语用学研究，它是以心智过程来说明语言运用机制作为自己学科的理论取向的语言学研究。

语用学的产生来自于莫里斯符号学的思想影响，源于哲学分析中对日常语言的探析，可见语用学必然地与哲学有着很大的关联。而认知科学也是与哲学中的认识论相辅相成的，故此从哲学的、认知科学的视角来研究也许能为传统的语用学研究提供新的方法，认知语用学强调交际过程中对说话者的话语和意图的理解与哲学中对他心知的问题相似。

2. 认知语用学的确立

认知语用学这一术语虽在20世纪80年代中期才开始使用，但语用的认知研究在20世纪70年代中期就已开始。早期语用的认知研究主要局限于理性原则、关联理论、认知语用分析、语用习得的语言与心理研究、言语理解和产生等方面，斯珀伯和威尔逊的关联理论在20世纪80年代后期的西方语用学界引起巨大反响后，这种以关联理论为中心的语用学开始被称为认知语用学。

认知语用学以心理模块理论为认知基础，认为语言交际的过程是一个明示推理的过程，将语用学的研究从考察语言使用过渡到话语理解的心理过程。这意味着说话人将语言表达之后，听话人就会依据对话情境、百科知识对此话语进行推理，在推理中听话人对各种可能的选项进行选择，最后挑出一个最佳关联的选项。

例文3.

A：Would you like something to eat?

你想吃点儿东西吗？

B：I've just had lunch.

我刚吃过午饭了。

解析：说话人想要表达的是经过选择的特殊假设集，而不是任意的假设集，要有关联性。能使说话人的信息意图得以互相显映的刺激信号会有许许多多，说话人必须选取其中一种他认为是最恰当的刺激信号，以便最有效地满足交际意图。在一般情况下，说话人就不选用处理努力大或可能有歧义的刺激信号。

小结：交际时，听话人相信说话人已经从一系列的刺激信号中选取了最有关联的一种，即需要最小处理努力、具有最大关联的刺激信号。这时，说话人和听话人的利益就重叠一致了。

3. 认知语用学的研究方法

认知语用学是语用学在学科自身发展过程中参照认知科学的目标、理论、方法进行语用学研究的一个学科，是语用学的一个分支，它以语言的运用和认知作为具体研究内容来进行研究，侧重于研究大脑思维在语用过程中的作用。

最开始的语用学研究似乎只是停留在语言层面上的规则和意义研究，更多关注的是语境对语言意义的作用，认为语用学作为符号学的一个组成部分，研究的是“符号与符号解释者。”

例文 4.

寒いねと話しかければ寒いねと答える人のいるあなたかさ

你打招呼说“好冷啊”，是否就有人回答你同样的话呢？

〈短歌〉

解析：“寒いね”，是接触到寒气时谁都会挂在嘴边的一句话，不过，“寒い”作为对于寒冷的生理上、心理上的一种真实感受的表达，因为时间、场合所产生的温度差，以及感受到这种寒冷的肉体上的个体差别，都会有不同的内涵以及因人而异的认知理解。

认知语用学的兴起使得语用学研究从追求言语交际中普遍适应的规则和准则转向到对追求语言交际过程中的动态的、情境的、身体的认知过程，是对语用学研究的进一步推演。自20世纪80年代末关联理论被引介到国内，中国的认知语用学研究从主要以关联理论为基础的认知语用研究，发展到基于认知科学或认知语言学理论与方法的“广义认知语用学”研究，并且越来越多地受到学界语用学研究者们的关注，研究成果辈出，呈现出一片繁荣景象。

（三）认知语用学的发展

随着认知科学、认知语言学、语用学等学科的发展，认知语用学研究的广度和深度得到了进一步拓展，无论是在理论上还是方法论上，认知语用学都取得了可喜的成绩：冉永平（2002）探讨了语用学的历史渊源和认知基础，指出语用认知研究的出现并非偶然，同时语用学与认知科学之间也存在一定的联系；陈新仁（2011）沿着国外研究的思路，对在认知语言学框架下研究语用学从理论上和实践两方面都做了充分地论证；王寅（2013）指出要在认知语言学的框架和哈贝马斯普遍语用学的视角下研究认知语用学；姜望琪（2015）提出一个融社会和认知因素为一体的语用推理模式，其基本思路是会话时参与者不仅抱有认知目的——传递信息，而且有社会目的——建立和维护社会关系；文旭（2018）在语用学的框架下，结合社会认知理论，探讨了汉语称谓系统、称谓的认知语用特征及其使用的认知语用原则；孙雨等人（2018）从模因论的角度分析了网络流行语的模因触发机制以及影响模因复制传播的因素、网络流行语的认知语用功能等问题；段芸（2018）从典型英语礼貌语言的句法现象出发，采用溯因推理的方法，利用象似性原则、空间隐喻认知模式等认知机制对英语礼貌表达式的语义理据进行了新的解释。

学界不断呈现的研究成果极大丰富了认知语用学的研究内容，拓展了认知语用学的研究视野。这些研究提出了认知语用学与认知语言学和语用学之间的密切关联，赋予认知语用学研究方向之思想启蒙：认知语用学的研究不仅要从其他语言学方法论上补充营养，还需要从哲学基础、研究方法和研究内容上进行改革；认知语用学的核心思想在于提示在交际中话语理解的认知过程应该是一种直接的把握，在比较复杂的情况下需要通过叙事或者解释的方式来扩展话语的背景信息，从而能够直接体会到说话者的意义。

认知语用学的研究扩大了语言学研究的范围：认知语言学的研究需要更加真实的实践环境来论证其理论的合理性，认知语用学给予语言学研究以应用方面的支持；语用学的产生与分析哲学传统中的日常语言学派（维特根斯坦、奥斯汀、塞尔等人）的哲学思想有很大的关系，使得语言哲学研究从静止的、形式的、语义的人工语言研究向动态的、情境的日常语言转移。随着认知革命的出现，语用学也发生了认知转向，这从某种程度上来说是语用学内部的一种范式转换，这种转变能够提高语用学研究在语言学研究中的地位，而且也使得认知语言学研究更注重对在线语言使用的认知研究。而且，将认知思维、社会因素作为语境因素引入语言推理过程，进而提出一种融语言的社会、认知维度为一体的统一的框架，或许可以为实现在信息传递的同时也关注情感交流这个目标提供了一个新路径。

认知语用学使得人们认识到在认知过程中并不是一个单纯的符号推理过程，更多的是通过人类本身与世界的互动，由此可见，认知语用学的研究不管是对语言学内部还是整个认知科学的研究都有重要的推动作用。

二、实例分析

素材简介：本章节选了四段对白，其中素材一和素材二选自日本 TBS 电视台 2017 年播出的悬疑情感剧『カルテット』（《四重奏》），该剧讲述经历了失败人生的四个男女组成四重奏乐团，在轻井泽共同生活，互相支持、得到治愈的故事。

素材三和素材四选自日本 NTV 电视台 2019 年播出的喜剧『俺の話は長い』（《我的事说来话长》），该剧讲述了男主人公岸边满年过三十还依靠母亲生活，当姐姐一家搬来住后，他不得不尝试自立的故事。

言外之意（1）

諭高：来週食事に行きませんか。

下周一起去吃饭吧？

有朱：来週はずっと仕事なんです。

下周工作排满了。

諭高：来月の頭はどうですか。

下个月的月初怎么样？

有朱：なんかバタバタしちゃってて。

有点儿忙啊。

諭高：今度スキーでも行きませんか。

下次一起去滑雪吧。

文本分析：真纪对阿雀说谕高和有朱交换了 LINE（日本的聊天软件），阿雀看了他们俩在 LINE 上的信息。从聊天信息中可以看出，谕高对有朱有意思，三番五次想约她，但有朱对谕高没有太大意思，所以总是想方设法拒绝。当谕高第三次邀约的时候，有朱索性不看他的信息了。

言外之意（2）

諭高：別府君、ちょっと代わって。

别府，替我看一下。

真記&雀：行間？

言外之意？

諭高：好きな人には、好きって言わずに、会いたいって言うでしょう？会いたい人には、「会いたい」と言わず、「ご飯行きません？」って言うでしょう？別府、好きだって言う代わりに、「チケット１枚余ってるんだけどさ」って言ったことない？

人们总是对喜欢的人不说“我喜欢你”，却说“我想你”，对想见的人不说“我想你”，却说“要不要一起吃个饭”。别府君，对喜欢的人不说“我喜欢你”，却说“我这里多了一张票”，你有过这种情况吗？

別府：なくは…

算是有吧……

諭高：「行けたら行くね」はどういう意味？

“看看再说吧，能去就去”这句话是什么意思？

真記：はい？

什么？

諭高：行けたら行くねって言った人、やってみて。来て…来て。

你来演一下讲“看看再说吧，能去就去”这种话的人。

雀：どうも。

我来了。

諭高：えッ？行けたら行くって、言ってたじゃない？

咦，你不是说能来就来吗？

雀：うん。

嗯。

諭高：行けったら行くって言ったのに、えッ、何で来たの？

明明说了能来就来，可，为什么来了？

雀：来れたから…

我这不是能来吗……

諭高：もう席ないよ。何で来たの？怖い怖い怖い。

已经没位子了。你来干什么？好吓人，好吓人，好吓人。

雀：ごめんなさい。

抱歉。

諭高：こうなりますよ、悲劇起きますよ。言ったら行くな、行くなら言うな。あと、君またトイレのスリッパ履いてるな。

就会变成这样哦，会引起悲剧的哟。说了就别去，要去就别说。还有你怎么又把厕所的拖鞋穿出来了？

雀：ごめんなさい。

抱歉。

諭高：言葉と気持ちは違うの。こんなのデートじゃないんだからね！って言うのは、デートでしょ？絶対怒らないから、本当のこと言って、って言って、本当のこと言ったら、メッチャ怒られるでしょう。それが行間！

嘴上说的和心里想的是不一样的，嘴上说着“这才不是约会呢”，其实就是约会。嘴上说着“你说实话吧，我不会生气的”，一说实话就会勃然大怒吧，这就是言外之意。

文本分析：这段对白中谕高很好地解释了日常生活中说

话人的语言表达和内心想法不一致的现象，这即是语用学的研究任务。这些话语如果单从语义学的角度去理解，只能了解词语组合的字面意义，如果从语用学的角度去理解，就能引导出话语背后的言外之意，即真正理解话语句子的整体意思。

言外之意（3）

春海：せっかく生きてる毛ガニもらったのに、明日食べるっていうのはもったいない気もするしね。

好不容易收到活蹦乱跳的毛蟹，明天再吃感觉很浪费。

綾子：頂いた壇野さんにも失礼だと思うのよ。

对送毛蟹来的壇野叔也觉得过意不去呢。

満：確かにな。

的确。

母：光司さんかわいそうじゃないの？

不可怜可怜光司了吗？

春海：だって、これ５人で分けたら食べるとこほとんどないよ？

再说，这要是五个人分着吃，每个人就一丁点儿了吧？

母：いや、そんなことないわよ。

话不是这么说。

綾子：４人だったら１人半分ずつでちょうどいいのよ。

四个人分的话，每人半只刚刚好。

満：そうだよ。これ５人で分けたら、誰が爪食べて、ミソはどう分けるかでもめるよ？

是啊，这五个人分的话，就会因为谁吃蟹腿，怎么分蟹膏的问题吵起来。

母：言われてみれば、確かにそうね。

这么一说，倒是很有道理。

満：だろ？

没错吧。

文本分析：绫子一家收到了壇野送来的毛蟹，四人在商量什么时候吃，春海认为难得收到活蹦乱跳的毛蟹，明天再吃感觉很浪费，想要今天吃。因为今天绫子的丈夫光司发烧，在家休息，而毛蟹正是光司喜欢吃的，所以绫子的母亲说那光司岂不是太可怜了。这时，春海、绫子和阿满的言外之意都是毛蟹今天四人分着吃完，不留给光司。

言外之意（4）

光司：氷のうの氷が解けちゃったから。

冰袋里的冰化了。

満：そんなの俺やりますから、寝てないと。

这种事我来就好，你得躺着。

光司：あと、着替えをね…

然后想换身衣服……

綾子：すぐ持って行くから、部屋にいて。

我马上拿过去，你待在房间里就好。

光司：いいよ、それぐらい自分でさ…

没事，这点儿事情我自己来……

綾子：お願い、寝てて。病気の時ぐらい、頼ってくれていいから。

拜托啦，你就回去躺着，生病的时候，交给我们好了。

光司：ありがとう。じゃあ、お言葉に甘えて。

谢谢，那就恭敬不如从命了。

文本分析：光司冰袋里的冰化了就下楼换冰，其他人听到动静后赶紧赶过来，阿满说“そんなの俺やりますから、寝てないと”（这种事我来就好，你得躺着），光司说还需要换身衣服，绫子赶紧说“すぐ持って行くから、部屋にいて”（我马上拿过去，你待在房间里就好），对此光司表示了拒绝，说这点儿事情自己来做就可以，但绫子还是很坚持，说“お願い、寝てて。病気の時ぐらい、頼ってくれていいから”（拜托啦，你就回去躺着，生病的时候，交给我们好了），这三句话从字面上去理解都是表示对光司的关心，你生病了我们都来照顾你，言外之意则是你乖乖在床上躺着吧，我们待会儿要吃毛蟹，没有你的份儿。

语用学重要论著一览

英文研究论著

Austin, J. L. *How to Do Things with Words*. Clarendon Press, 1962.

Bach, K. and R. M, Harnish. *Linguistics Communication and Speech Acts*. MIT Press, 1979.

Blakemore, D. *Semantic Constraints on Relevance*. Blackwell, 1987.

Brown, P. and S. C, Levinson. *Politeness: Some Universals of Language Usage*. Cambridge University Press, 1987.

Fillmore, C. J. Santa Cruz Lectures on Deixis. Iu Linguistic Club, 1971.

Fraser, B. An Examination of the Performative Analysis. *Linguistics* 7, 1974.

Grice, H. P. *Studies in the Way of Words*. Harvard University Press, 1989.

Grice, H. P. *The Conception of Value*. Oxford University Press, 1991.

Grice, H. P. *Aspects of Reason*. Oxford University Press, 2001.

Gruber, J. S. Lexical Structures in Syntax and Semantics. *Linguistic Series*, Vol. 25, 1976.

Halliday, M. A. K. and R, Hassan. *Cohesion in English*. Longman, 1976.

Halliday, M. A. K. *An Introdution to Functional Grammar*. Edward Arnold, 1985.

Kierkegaard, S. *Enten-Eller Et Livs-Fragment 1*. Hans Reitzels Forlag, 1950.

Kuno, S. *Functional Syntax: Anaphora, Discourse and Empathy*. The University of Chicago Press, 1987.

Lamb, S. *Outline of Stratificational Grammar*. Georgetown University Press, 1966.

Langacker, R. W. *Foundations of Cognitive Grammar, Vol. Ⅱ: Descriptive Application*. Stanford University Press, 1991.

Leech, G. N. *Language and Tact*. Linguistic Agency University of Trier, 1977 .

Leech, G. N. *Explorations in Semantics and Pragmatics*. John Benjamins, 1980.

Leech, G. N. *Semantics. 2nd edition*. Penguin Books, 1981.

Leech, G. N. *Principles of Pragmatics*. Longman, 1983.

Levinson, S. C. *Pragmatics*. Cambridge University Press, 1983.

Levinson, S. C. Pragmatics and the Grammar of Anaphora. *Linguistics* 23, 1987.

Levinson, S. C. *Presumptive Meanings: The Theory of Generalized Conversational Implicature*. MIT Press, 2000.

Malinowski, B. *Coral Gardens and Their Magic (Ⅱ): The Language and Magic of Gardening*. Routledge, 1935.

Miller, G. A. and P. N, Johnson-Laird. *Language and Perception*.

Belknap Press, 1976.

Nichols, J. Head-Marking and Dependent-Marking Grammar. *Language* (62), 1986.

Ogden, C. K. and Richards, I. A. *The Meaning of Meaning*. Routledge & Kegan Paul, 1923.

Reichenbach, H. *Elements of Symbolic Logic*. Macmillan, 1974.

Richards, I. A. *The Philosophy of Rhetoric*. Oxford University Press, 1936.

Russell, B. On Denoting. *Mind* 14, 1905.

Searle, J. R. *Speech Acts: An Essay in the Philosophy of Language*. Cambridge University Press, 1969.

Searle, J. R. *Expression and Meaning: Studies in the Theory of Speech Acts*. Cambridge University Press, 1979.

Spencer-Oatey, H. Theories of Identity and the Analysis of Face. *Journal of Pragmatics*, 2007 (3).

Sperber, Dan and Wilson, Deirdre. *Relevance: Communication and Cognition*. Basil Blackwell, 1986.

Sperber, Dan and Wilson, Deirdre. *Cognition and Communication*. Basil Blackwell, 1995.

Strawson, P. F. On Referring. *Mind* 59, 1950.

Strawson, P. F. *Introduction to Logical Theory*. Methuen, 1952.

Talmy, L. *Toward a Cognitive Semantics. Vol. 1: Concept Structuring Systems*. MIT Press. 2000.

Taylor, J. R. *Linguistic Categorization: Prototypes in Linguistic*

Theory. Oxford University Press, 1989.

日文研究论著（按五十音图排序）

安藤貞雄．英語の論理·日本語の論理（対照言語学的研究）．大修館書店，1986.

江川泰一郎．英文法解説．金子書房，1964.

遠藤裕子．日本語の語法．月刊言語 3 月号．大修館書店，1982.

大江三郎．日英語の比較研究—主観性をめぐって．南雲堂，1975.

太田朗．否定の意味．大修館書店，1980.

奥津敬一郎．生成日本文法論．大修館書店，1974.

奥津敬一郎．ボクハウナギダの文法（ダとノ）．くろしお出版，1978.

奥津敬一郎．日本語の授受動詞構文—英語·朝鮮語と比較して．東京都立大学人文学報第 132 号，1979.

金田一春彦編．日本語動詞のアスペクト．麦書房，1976.

久野暲．談話の文法．大修館書店，1978.

小泉保．言語学概論．大修館書店，1984.

小泉保．譲歩文について．言語研究 91，1987.

小泉保．言外の言語学—日本語語用論．三省堂，1990.

佐久間鼎．現代日本語の表現と語法．厚生閣，1966.

澤田淳．日本語の授受構文が表す恩恵性の本質—「てくれる」構文の受益者を中心として．日本語文法 7 巻 2 号，2007.

柴田武．ことばにおける構造とは何か．柴田武編『言語の構造』（講座·言語 1），大修館書店，1980.
柴谷方良．日本語の分析（生成文法の方法）．大修館書店，1978.
正保勇．『コソア』の体系．日本語の指示詞．国立国語研究所，1981.
城田俊．話場応接態（いわゆる「やり·もらい」）—「外」主語と「内」主語．国語学 186 集，1996.
鈴木重幸．日本語文法·形態論．麦書房，1972.
鈴木孝夫．ことばと文化．岩波新書，1986.
高山一彦．ジャンヌ·ダルクの神話（講談社現代新書 642）．講談社，1982.
林徹．『これ、それ、あれ』あれこれ（トルコ語のすすめ 3）．月刊言語 1 月号．大修館書店，1989.
広松涉．哲学一歩前（講談社現代新書 916）．講談社，1988.
古賀悠太郎．「視点」研究における二人称の位置付けについて—「やる／くれる」文，「行く／来る」文を例に．日中言語研究と日本語教育第 6 号，2013.
益岡隆志．日本語における授受動詞と恩恵性．月刊言語 30 巻 4 号，2001.
益岡隆志．日本語構文意味論．くろしお出版，2013.
松永伍一．落人伝説の里（角川選書 139）．角川書店，1982.
松村武雄．希臘神話の新検討．培風館，1953.
毛利可信．英語の語用論．大修館書店，1980.

森田良行．基礎日本語（意味の使い方）．角川書店，1977.

三上章．文法小論集．くろしお出版，1970.

山田敏弘．日本語のベネファクティブ—「てやる」、「てくれる」、「てもらう」の文法．明治書院，2004.

山橋幸子．「てくれる」の意味機能—「てあげる」との対比において．日本語教育 103 号，1999.

安井稔．言外の意味．研究社，1978.

安井稔、中右実、西山佑司、中村捷、山梨正明．意味論（英語学大系 5）．大修館書店，1983.

柳田国男．柳田国男全 4. 筑摩書房，1968.

山梨正明．発話行為（新英文法選書 12）．大修館書店，1986.

山梨正明．比喩と理解（認知科学選書 17）．東京大学出版会，1988.

中文研究论著

[英]爱德华・泰勒著，连树声译．原始文化．上海文艺出版社，1992.

陈波．逻辑哲学．北京大学出版社，2006.

陈道德等．二十世纪意义理论的发展与语言逻辑的兴起．中国社会科学出版社，2007.

陈新仁．新认知语用学——认知语言学视野中的认知语用研究．外语学刊，2011(2).

程琪龙．述评认知——层次语言学理论及其模式．国外语言学，1991(4).

程琪龙．试论 Fillmore 格语法 1971 模式．解放军外国语学院学报，1995(6).
程琪龙．兰姆教授谈神经认知语言学．外语教学与研究出版社，1999(2).
程琪龙．语言的神经认知——大脑路径述评．当代语言学，2000(2).
程琪龙．认知语言学概论：语言的神经认知基础．外语教学与研究出版社，2001.
［日］池上嘉彦著，张晓云译．符号学入门．国际文化出版公司，1985.
崔凤娟、王松鹤．指称理论的语境化过程．外语学刊，2018(3).
段芸．言语行为语力的认知语言学研究．科学出版社，2014.
段芸．英语礼貌表达式的认知研究．浙江外国语学院学报，2018(2)
冯光武．理性才是主旋律——论格赖斯意义理论背后的哲学关怀．外语学刊，2006(4).
［德］弗雷格著，王路译．弗雷格哲学论著选辑．商务印书馆，2006.
桂诗春、宁春岩．语言学方法论．外语教学与研究出版社，1997.
［澳］韩茹凯著，王红阳、李雪娇译．韩茹凯论语言．北京大学出版社，2015.
何兆熊．语用学概要．上海外语教育出版社，1989.
何兆熊．新编语用学概要．上海外语教育出版社，2000.

何自然 . 语用学概论 . 湖南教育出版社，1988.
何自然 . 语用・认知・社会文化 . 外语教学，1998(2).
何自然 . 语用学方法论刍议 . 解放军外国语学院学报，1999(4).
何自然，冉永平 . 新编语用学概论 . 北京大学出版社，2009.
江桂英、孙少文 . 言语行为中取效行为和取效效果的认知研究 . 外语学刊，2018(5).
姜望琪 . 语用学——理论及应用 . 北京大学出版社，2000.
姜望琪 . 当代语用学 . 北京大学出版社，2003.
姜望琪 . 社会认知语用学——Kecskes 语用学理论评介 . 外文研究，2015，3(1)
李连伟、邢欣 . 论言语行为的语篇实现 . 山西财经大学学报，2012(4).
廖美珍 . 目的原则和言语行为互动研究 . 外语学刊，2012(5).
刘丹青 . 汉语关系从句标记类型初探 . 中国语文，2005(1).
[英] 罗素著，马元德译 . 西方哲学史（下卷）. 商务印书馆，2015.
吕叔湘 . 语法学习 . 中国青年出版社，1953.
孟建钢 . 对关联理论缺陷的微观性批评 . 外语学刊，2012(6).
孟庆玲 . 论塞尔的间接言语行为理论及语言哲学观 . 新乡师范高等专科学校学报，2005(3).
莫启扬、段芸 . 言语行为语力的认知语言学研究 . 外语研究，2012(3).
[美] 纳尔逊・古德曼著，姬志闯译 . 构造世界的多种方式 . 上海译文出版社，2008.

[美]纳尔逊·古德曼著，彭锋译.艺术的语言.北京大学出版社，2013
钱冠连.语用学的哲学渊源.外语与外语教学，1999(6).
钱冠连.汉语文化语用学（第二版）.清华大学出版社，2002.
冉永平.认知语用学探微.外语学刊，2002(4).
冉永平.语用学：现象与分析.北京大学出版社，2006.
沈家煊.英语中的歧义类型.现代外语，1985(1).
束定芳.90年代以来我国外语界语言学研究热点与走向.外国语，1997(1).
索振羽.语用学教程.北京大学出版社，2014.
孙淑芳.言语行为动词的语义阐释.外语学刊，2009(6).
孙雨、韩戈玲.模因论视角下网络流行语"小目标"的语用研究.浙江外国语学院学报，2018(2).
孙玉.Grice会话含义理论中的几个问题.外语学刊，1994(4).
王路.弗雷格思想研究.社会科学文献出版社，1996.
王寅.新认知语用学——语言的认知－社会研究取向.外语与外语教学，2013(1).
[日]小泉保著，陈访泽、刘小珊等译.言外的语言学——日语语用学.商务印书馆，2005.
谢朝群、何自然.质疑"礼貌策略说"和"礼貌规范说".福建师范大学学报（哲学社会科学版），2005(3).
熊学亮.语言学新解.复旦大学出版社，2007.
徐盛桓.含意本体论研究.外语教学与研究出版社，1996(3).
徐盛桓.认知语用学研究论纲.外语教学，2007(3).

严世清 . 隐喻理论史探 . 外国语，1995(5).

叶蜚声 . 雷柯夫、菲尔摩教授谈美国语言学问题（第二部分）. 国外语言学，1982(3).

于全有 . 语言本质理论的哲学重建 . 中国社会科学出版社，2011.